U0083350

古代歷史文化研究輯刊

三二編

王明蓀主編

第15冊

《史記》、《漢書》合傳比較研究

郭慧如著

國家圖書館出版品預行編目資料

《史記》、《漢書》合傳比較研究／郭慧如 著 -- 初版 -- 新北市：
花木蘭文化事業有限公司，2024〔民 113〕
目 2+142 面；19×26 公分
（古代歷史文化研究輯刊 三二編；第 15 冊）
ISBN 978-626-344-878-0（精裝）
1.CST：史記 2.CST：漢書 3.CST：比較研究
618　　113009484

古代歷史文化研究輯刊
三二編　第十五冊　　ISBN：978-626-344-878-0

《史記》、《漢書》合傳比較研究

作　　者　郭慧如
主　　編　王明蓀
總 編 輯　杜潔祥
副總編輯　楊嘉樂
編輯主任　許郁翎
編　　輯　潘玟靜、蔡正宣　美術編輯　陳逸婷
出　　版　花木蘭文化事業有限公司
發 行 人　高小娟
聯絡地址　235 新北市中和區中安街七二號十三樓
　　　　　電話：02-2923-1455／傳真：02-2923-1452
網　　址　http://www.huamulan.tw 信箱 service@huamulans.com
印　　刷　普羅文化出版廣告事業
初　　版　2024 年 9 月
定　　價　三二編 28 冊（精裝）新台幣 84,000 元　

《史記》、《漢書》合傳比較研究

郭慧如　著

作者簡介

郭慧如，臺灣私立銘傳大學應用中文學系碩士，國立高雄師範大學國文學系博士畢業。現職為澎湖縣吉貝國中教導主任。研究方向為《史記》、《漢書》及兩《唐書》。著有碩論《《史記》、《漢書》合傳比較研究》、博論《兩《唐書》本紀、列傳比較研究》。

提　　要

本論文的研究對象為《史》、《漢》合傳，研究範圍是以二書重合的時間為斷限，僅取陳勝起義至漢武帝太初年間，約一百〇八年間之事，藉由透析其中人物的分合去取，了解太史公、班固選擇合傳人物的標準，並進一步印證章學誠稱「《史》圓神而《漢》方智」的說法，因而就此研究範圍，將內容分為以下六章：

第一章是為緒論。闡明研究動機及目的、研究範圍與方法，並檢視前賢相關研究成果，以為論文之引。

第二章為《史》、《漢》傳體概論。於定義各種傳體類型後，分析《史》、《漢》傳體的異同，併及二史合傳概況，並依班固襲改《史記》手法，將之分為重合及合併、提升附傳、析解且重組三大類。

第三章討論《漢書》合傳中，重合或合併《史記》篇章者。透過分析此類合傳，可發現班固對太史公的取材頗為認同，然立意或有所偏，不一定全取用《史記》原旨。

第四章主要分析《漢書》合傳中，承襲《史記》篇章且增入附傳為主述者。經由此章，可知班固提升附傳是為迹齊而已，反造成人物組合內部的參差現象。

第五章針對《漢書》合傳中，析解《史記》合傳且增入附傳、新增人物者作分析。透過此舉，可發現班固析解《史記》合傳，重新與其他人物組合時，皆新作立意，有強調忠、逆之異的傾向。

第六章則為結論。總結前面三章，歸納出《史》、《漢》擇取合傳人物時的側重之處：前者重視內隱的性情，後者則以外顯條件為主。另，就班固襲改《史記》的手法，與《史》、《漢》合傳的立意、命題等部分觀之，可發現《史》、《漢》呈現太史公、班固的心裁時，確實分別出現「多變」、「齊整」二種傾向，故可知章氏之評，實為確論。

謝　辭

非常高興能於銘傳大學完成碩士學位。大學畢業後，續讀研究所，不急於投身職場，是人生中一次意外的轉折，然如今回首這一路歷程，卻是由衷地慶幸當初的選擇。於此，不僅加深個人學業深度，明晰志趣，更獲良師指導、友朋相伴，所歷種種，皆令人難以忘懷。

本論文的完成，首先要感謝指導教授蔡師信發。於方向釐清、大綱擬定、資料安排、撰寫修審等方面，皆幸賴有老師的指導，方能順利完成，而期間的勉勵與關懷，俱使學生如沐春風，感念於心。老師嚴謹、認真的治學態度、循循善誘的教學方式，亦皆為學生模範，誓願追從。師恩弗望，謹此致上心中最誠摯的敬意與謝意。

其次，感謝陳德昭院長、許錟輝教授撥冗審查本論文，並針對其中疏漏或不足之處，給予極寶貴的建議，使之能據以改進，以臻完善。同時亦感謝研究所中所遇師長，或示期勉，或予鼓勵，凡此種種，皆為學生成長、進步的支柱，使學生更生信心與動力。

論文撰寫期間，感謝興蓬、思妤學姊的溫暖照拂與協助，同學間的鼓舞與支持，使學生雖身在遠地，卻似不曾離開，而與子平學弟、思妤學妹、文勛學弟的不時討論、相互支持，亦使學生研究路上，備感溫馨與樂趣。口試當天，逸珊、筌航特別到場協助與鼓勵，情誼珍貴，實令學生感動。

最後，謹獻此論文予默默支持我的雙親與家人，願本論文能使之滿意。

中華民國九十九年十二月　郭慧如　謹誌於澎湖

目次

表目次

第壹章　緒　論

第一節　研究動機與目的

《史》、《漢》是中國歷史文學上的雙璧。《史記》為西漢太史公司馬遷（西元前一四五～八六）之作。其自言欲以此「拾遺補藝，成一家之言，厥協六經異傳，整齊百家雜語」〔註1〕，而以本紀、表、書、世家、列傳等五體經緯史事，記錄範圍橫跨千載，詳近略遠，內容包羅萬象，舉凡政教典章、風土民情、帝王將相、刺客游俠，皆有所錄。全書共一百三十篇，依序分別為本紀十二篇、表十篇、書八篇、世家三十篇、列傳七十篇。其文字錯落有致，善用俚俗方言刻畫人物形象。東漢班固（西元三二～九二）以「其文直，其事核，不虛美，不隱惡」〔註2〕，讚美其文實相符，更師祖《史記》，續踵而成《漢書》，變通史為斷代史，廢世家體，改書為志，以紀、表、志、傳四體，記錄西漢一代兩百三十年之歷史，共一百篇，依序是紀十二篇、表八篇、志十篇、傳七十篇。其體例成為後世史書依循的典範，亦有其獨到之處，然自接觸中國文學領域以來，雖於二書一直懷有崇仰的心情，但對其卻僅有粗淺認識，未能多加接觸，殊為可惜。

大學時期始有幸研修《史記》課程，於教授們的啟蒙下，方才大致領略太

〔註1〕見〔漢〕司馬遷著，（日本）瀧川龜太郎注：《史記會注考證．太史公自序》，高雄市：麗文文化事業股份有限公司，二〇〇〇年九月初版。頁一三四七下左。

〔註2〕見〔漢〕班固著，〔清〕王先謙注：《漢書補注．司馬遷傳》，第二冊（全二冊），臺北市：藝文印書館，一九五五年六月初版。頁一二五八下右。

史公於史學上的突破創新，及其於文學上的豐富多變，而此二方面皆對後世影響深遠。就讀研究所時，於蔡師信發教授的帶領下，習讀清人章學誠（西元一七三八～一八〇一）《文史通義》一書，其中提到《史》、《漢》間的差異性，使人不禁對其產生興趣：

> 史氏繼《春秋》而有作，莫如馬、班，馬則近於圓而神，班則近於方以智也〔註3〕。

章學誠認為自《春秋》以來，能紹繼史家傳統者，僅太史公與班固二人，並各以「圓神」、「方智」評定二人風格，然何為「圓神」、「方智」？其以為古今著作，皆不脫撰述與記注兩方面，且各有特色：

> 夫智以藏往，神以知來，記注欲往事之不忘，撰述欲來者之興起，故記注藏往似智，而撰述知來擬神也。藏往欲其賅備無遺，故體有一定，而其德為方；知來欲其決擇去取，故例不拘常，而其德為圓〔註4〕。

「智」是聰慧明達，欲藉著作將過去記錄清楚，又欲其無所遺漏，故體有定式，不隨意更動，以求客觀，達到「公平方正」的標準；「神」則變化莫測，欲藉著述通古達今、知所去取，而為取捨所需，不拘於常例，以期臻至「通達圓融」的境界。此段文字將《史》、《漢》的特色概括總結，然則二書是否的確如此？如何能印證章氏說法？其評斷是否適當？種種疑問就此浮上心頭，不能釋懷。

另一方面，《漢》繼《史》作，承《史》者多，歷來學者多重此間差異，評論單篇者有之，論體例之別者有之，論精神、特色之異者有之，論字句增減改易者亦有之，然較少論及其中人物去取的異同，且《史記》有七十列傳，《漢書》則有傳七十篇，各佔全書絕大部分，其間人物的取捨、事件的剪裁，是分是合、或褒或貶，皆隱隱流露作者個人獨會於心的見解，正是最可顯露其別裁之處，故由此發想，因「馬、班之才，不盡於本紀表志，而盡於列傳」〔註5〕，而以《史》、《漢》重合時限為界，專取傳體中「合傳」一類，探討太史公與班

〔註3〕見〔清〕章學誠撰，〔民國〕葉瑛校注：《文史通義校注／校讎通義校注．內篇．書教下》，臺北縣：頂淵文化事業有限公司，二〇〇二年九月初版。頁四九。

〔註4〕見〔清〕章學誠撰，〔民國〕葉瑛校注：《文史通義校注／校讎通義校注．內篇．書教下》，臺北縣：頂淵文化事業有限公司，二〇〇二年九月初版。頁四九。

〔註5〕見〔清〕章學誠撰，〔民國〕葉瑛校注：《文史通義校注／校讎通義校注．外篇．永清縣志政略序例》，臺北縣：頂淵文化事業有限公司，二〇〇二年九月初版。頁七五五。

固於其中的剪裁取捨，以了解《史》、《漢》合傳的同異之處。本論文最終目的是欲以此分析、比較，探究《史》、《漢》擇取合傳人物的標準、是否合適等，並歸納二書合傳人物組合的依據，藉以明瞭二書組合方式的高下及特色，以印證章氏之評。

第二節　研究範圍與方法

本論文所引《史記》文本，為日人瀧川龜太郎（西元一八六五～一九四六）《史記會注考證》。此書以《史記三家注》為底本，加上其個人考證與見解，合南朝宋裴駰《史記集解》、唐人司馬貞《史記索隱》、唐人張守節《史記正義》，及其考證於一本，是為近世整理《史記》相關注疏最完整的著作；《漢書》文本，則以藝文印書館出版的王先謙《漢書補注》為準。

因本論文的最終目的是藉分析《史》、《漢》二史以印證章氏說法，故以《史》、《漢》重合的時間為斷，僅取陳勝起義至漢武帝太初年間，約一百〇八年間之事，而取最能突出作者心旨的「合傳」為研究對象，藉由透析其中人物的分合去取，了解《史》、《漢》選擇合傳人物的標準，並進一步明瞭其特色。

全文採總起分論法，以分析、比較、歸納為重，共分為七部分：首章為緒論，闡明研究動機及目的、研究範圍與方法，並檢視前賢相關研究成果，以為論文之引。次章為《史》、《漢》傳體概論，於定義各種傳體類型後，分析《史》、《漢》傳體的異同，併及二史合傳概況，更將之分為三大類十三小類。第三、四、五章為本論文主體，依據第二章所歸分類，一一尋求人物所屬的原傳傳旨，分析人物間的關係，次及人物組合更易後的合傳傳旨，從而比較二史之間的差異。第六章為結論，總結前三章的分析，歸納《史》、《漢》擇取合傳人物時的側重之處，比較其間高下，以證章氏所評。最終為參考書目，依時代先後為次，臚列本論文所引的各種專書著作，及博碩士論文、期刊等資料。

篇章分析時，分由形式、內容二處切入：形式方面，先觀察其標目命題，及其更易前後的傳體類型，以為內文分析的導向；內容方面，則著重分析原典，包括原傳傳文、傳贊，及敘傳等部分，以探求《史》、《漢》立傳之旨，從而分析所合人物適宜與否，及其關係密切與否。其後才比較二史的異同，從中探求其擇取組合時的考量，並觀察其組合適切與否，以見其風格、特色，而與章氏所言互為印證。

第三節　前賢研究成果檢視

《史》、《漢》為中國史學上兩部偉大鉅著，歷來學者皆尊而重之，紛紛針對二者的體例形式、內容思想、筆法修辭等方面發表許多見解。無論是專論《史記》或《漢書》，還是研究二者的異同處，皆有不少學者著論，而注疏、釋義、劄記、集評等，亦皆代有才出，發明不少精闢解析，包舉萬端，蔚為大觀，而明代凌稚隆〔註6〕曾輯著《史記評林》與《漢書評林》，分別蒐錄歷代方家之論，加上其所自評，註於各篇原文之上，由此不僅可見當時《史記》學、《漢書》學已累積了相當數量的人力投入，亦可稍微總結《史》、《漢》研究成果。近期有今人楊燕起、陳可青、賴長揚編著的《歷代名家評史記》〔註7〕，收錄資料年限廣至一九四九年底，範圍包含太史公的生平行狀、學術思想源流、《史記》文學成就、體例、考證等，分門別類，層面更加廣泛，可補凌稚隆所不及的區塊，有助於後來有志研究者參鏡。

以近年論著觀之，亦有不少言及《史》、《漢》傳體者，可資實本論文的內涵。以下分專書、博、碩士論文、期刊論文等三方面，檢視其中與本論文較為相關的部分，以為本論文先導。

專書方面，以《史》、《漢》傳體為討論對象者，有朴宰雨《《史記》《漢書》比較研究》〔註8〕，本書以《史》、《漢》傳記文為研究主體，直接將紀體、傳體混合討論，是發前人所未有的創新角度，整理出《史》、《漢》間的種種差異，包含二書作者寫作背景、其書的精神傾向、體例編纂、形式與所傳人物、寫作技巧等，對本論文的開展有極大啟發。直接論及與《史》、《漢》合傳部分者，則有蔡師信發《話說史記》〔註9〕，本書收錄作者不同時發表的《史記》相關期刊論文，或究淮陰侯失敗之因，或析附傳之要，而其中〈《史記》合傳析論〉一篇專門討論《史記》的合傳體例，辨明合傳與類傳之別，並羅列出所有合傳，

〔註6〕凌稚隆，生卒年不詳。其兄凌約言為明嘉靖十九年（西元一五四〇）進士，明代著名短篇小說家凌濛初（西元一五八〇～一六四四）為其子侄，故其生活年代約在明嘉靖至萬曆年間（西元一五二二～一六二〇）。

〔註7〕參見楊燕起、陳可青、賴長揚編：《歷代名家評史記》，北京市：北京師範大學出版社，一九八六年三月初版。

〔註8〕參見朴宰雨：《《史記》《漢書》比較研究》，北京市：中國文學出版社，一九九四年，初版。本書原為臺灣國立臺灣大學中國文學研究所一九八九年畢業的博士論文，原題為《《史記》、《漢書》傳記文比較研究》，故檢視博碩論文方面時不再復論。

〔註9〕參見蔡師信發：《話說史記》，臺北市：萬卷樓圖書有限公司，一九九五年初版。

歸納出其有不受時限、避免重複、精簡文字、述明源流、並列主題、廣記眾人、歸併分類等七項優點，使本論文對合傳的定義與利便有更深入的了解。又，徐復觀（西元一九〇三～一九八二）《兩漢思想史》〔註10〕中，以〈論史記〉一章討論《史記》構造，及其立傳的選擇，而〈《史》、《漢》比較研究之一例〉中，又以「《史》、《漢》比較之四～列傳」一節，比較二書作者立傳之思，認為《漢書》將許多附傳提升為主述人物，雖能整齊體裁，卻也使歷史的主線湮沒，並分析許多合傳篇章，以堅其旨，對本論文的啟發與開展有不少助益。王明通《漢書導論》〔註11〕一書詳細介紹《漢書》體例與筆法，其中，對合傳部分亦略有討論，可提供本論文不少參考。

博、碩士論文方面，專論《史記》傳體者，有金苑《《史記》列傳義法研究》〔註12〕、吳峰宗《《史記》列傳研究》〔註13〕、金利湜《《史記》及其傳記文學之研究》〔註14〕、劉昶亨《由《史記》列傳論太史公之創建》〔註15〕、林雅真《《史記》體例及章法結構之研究》〔註16〕等，對《史記》傳體的形式、結構、內容、義法、修辭等方面研究詳盡，然尚無專以合傳為研究對象者，仍留存不少研究空間。專論《漢書》傳體者，則有王明通《《漢書》義法》，已改題出版為專書，故不復論。此外，以題名中包含「史記」、「漢書」、「史漢」、「合傳」、「司馬遷」、「班固」等詞組為檢索條件，搜尋中國博士學位論文全文數據庫、中國優秀碩士學位論文全文數據庫，獲得資料並不多，亦無探討《史》、《漢》合傳者。檢視臺灣、大陸地區的博、碩士論文，可發現目前尚無專門討論合傳的作品，僅有部分篇章因分析太史公創例之法而牽連說明之。因

〔註10〕參見徐復觀：《兩漢思想史》，卷三（全三卷），臺北市：臺灣學生書局，一九七九年九月初版。

〔註11〕參見王明通：《漢書導論》，臺北市：五南圖書出版有限公司，一九九一年六月初版。本書原為私立中國文化大學中國文學研究所一九八二年畢業的博士論文，原題為《《漢書》義法》，故檢視博碩論文方面時不再贅論。

〔註12〕參見金苑：《《史記》列傳義法研究》，國立政治大學中國文學所博士論文，呂凱、李威熊教授指導，一九八九年六月出版。

〔註13〕參見吳峰宗：《《史記》列傳研究》，私立中國文化大學中國文學研究所碩士在職專班碩士論文，羅敬之教授指導，二〇〇三年一月出版。

〔註14〕參見金利湜：《《史記》及其傳記文學之研究》，國立臺灣師範大學國文研究所碩士論文，賴明德教授指導，二〇〇五年一月出版。

〔註15〕參見劉昶亨：《由《史記》列傳論太史公之創建》，私立銘傳大學應用中國文學系碩士班碩士論文，蔡信發教授指導，二〇〇五年六月出版。

〔註16〕參見林雅真：《《史記》體例及章法結構之研究》，國立政治大學中等學校教師在職進修班碩士論文，王文顏教授指導，二〇〇八年出版。

此，本論文可拓之疆極廣，而於篇章結構的訂立與安排上，自由發揮的空間亦大。

於期刊論文方面，利用網路資源分別檢視臺灣、大陸地區的研究成果，以題名中包含「史記」、「漢書」、「史漢」、「合傳」、「司馬遷」、「班固」等詞組為檢索條件，分別檢視中華民國期刊論文資料庫、中國期刊全文數據庫，以期了解兩地期刊論文發表情形。經由此舉，可發現兩地學者以《史記》為研究對象者遠遠多於研究《漢書》者，顯示現今學界的《史》、《漢》研究比重，是《史》多於《漢》，而其中與本論文較相關者，臺灣地區有王宏志〈論合傳與類傳〉〔註 17〕、洪淑苓〈論《史記》的兩篇合傳——〈魏其武安侯列傳〉與〈衛將軍驃騎列傳〉〉〔註 18〕、孫永忠〈析辨全祖望評《史記》魏其武安合傳不當說〉〔註 19〕、蔡師信發〈《史記》、《漢書》合傳之平議〉〔註 20〕等篇，大陸地區則有閻崇東〈就《史記》與《漢書》同一段歷史記載之分析比較〉〔註 21〕、馮家鴻〈論司馬遷和班固之孰優——《史記》、《漢書》同篇目比照評述〉〔註 22〕等。其中，王宏志之論合傳，將主述一人的單傳與其附傳合視之為「標題為一人之合傳」，如此則《史》、《漢》之傳幾盡合傳，其合傳的義界仍不甚明晰；洪淑苓、孫永忠分別討論〈魏其武安侯列傳〉與〈衛將軍驃騎列傳〉二篇合傳的適洽性，辨明其中意旨，肯定太史公合其人為傳之用；大陸學者閻崇東、馮家鴻就《史》、《漢》同段歷史記載分別就作者背景、思想精神、文章風格、義法編排等方面探究二書的異同，對傳體的意旨較少觸及。這些期刊論文多少提供了本論文不同的發想角度，而尤以蔡師信發〈《史記》、《漢書》合傳之平議〉一

〔註 17〕參見王宏志：〈論合傳與類傳〉，《國史館館刊》復刊第二期，一九八七年六月發行，頁三七～四八。

〔註 18〕參見洪淑苓：〈論《史記》的兩篇合傳——〈魏其武安侯列傳〉與〈衛將軍驃騎列傳〉〉，《國立編譯館館刊》第二十一卷第一期，一九九二年六月發行，頁五七～七四。

〔註 19〕參見孫永忠：〈析辨全祖望評《史記》魏其武安合傳不當說〉，《輔仁國文學報》第十五期，一九九九年五月發行，頁一六三～一七八。

〔註 20〕參見蔡師信發：〈《史記》、《漢書》合傳之平議〉，《第四屆漢代文學與思想學術研討會論文集》，二〇〇二年五月十一、十二日，頁六九～八二。

〔註 21〕參見閻崇東〈就《史記》與《漢書》同一段歷史記載之分析比較〉，《內蒙古師大學報》（漢文哲學社會科學版）第五十二期，一九八七年六月第二期，頁九五～一〇二。

〔註 22〕參見馮家鴻〈論司馬遷和班固之孰優——《史記》、《漢書》同篇目比照評述〉，《金陵職業大學學報》第十五卷第四期，二〇〇〇年十二月發行，頁二六～三二、頁四六。

篇，與本論文最有關聯。其以《史記》各體檢視《漢書》合傳，將之分為八類，對本論文啟發不少。

綜觀專書、博、碩士論文、期刊論文三方面，可知現今研究《史》、《漢》的學者對二書形式體例、精神傾向、義法宗旨等，已有相當數量的論著，無論是觀照全面或燭照細微之處，皆有專家殫精竭慮之作，然於「合傳」這一部分，卻還尚未深入，大多是零星討論單篇，惟蔡師信發〈《史記》、《漢書》合傳之平議〉，對《史》、《漢》合傳有全面且概括性的檢視與分類，而朴宰雨《《史記》《漢書》比較研究》一書，詳細比較《史》、《漢》各方面的差異，以及徐復觀《兩漢思想史》中，分析且比較《史》、《漢》立傳之思的章節等，皆為本論文奠基之石。此外，尚未有專門討論《史》、《漢》合傳異同的研究論文。由是，本論文欲由此處著手，藉歷來學者深思熟慮之功為基礎，以深入《史》、《漢》合傳核心，了解太史公與班固組合人物的心裁之別。

第貳章　《史》、《漢》合傳比較

中國史書體裁本無一定，《尚書》有六體，《春秋》以編年，亦有晉《乘》、楚《檮杌》等國別史。自《史記》創紀傳體，遂為天下正史的定例。《史記》所創的紀傳體裁，一事一篇而歸本於人，以本紀、表、書、世家、列傳等五體，記錄自黃帝至漢武太初年間之事，完成縱橫古今的奇文；《漢書》追步其後，承其體例，以人繫事，而以紀、表、志、傳等四體，囊括西漢一代二百三十年的人事，非天生英才亦不能為之。本章茲先就傳體論之，確立其定義與類型，再逐步探究《史》、《漢》傳體、合傳的異同，以為本論文論述之基。

第一節　傳體的定義與類型

紀傳體例，始於《史記》。太史公以別識心裁，創新制作，而以人物為中心，影響後世史家深遠。《史記》以前，史書撰寫並無一定格式。《尚書》是目前所見最早的史書，因事而成篇，本無定例，所謂典、謨、訓、誥、誓、命等六體，皆是後人整理歸納而出〔註 1〕；其次，則有《春秋》，其本為魯國之史

〔註 1〕《文史通義·書教上》:「《周官》外史，掌三皇五帝之書。今存虞、夏、商、周之策而已，五帝僅有二，而三皇無聞焉。左氏所謂《三墳》、《五典》，今不可知，未知即是其書否也？」這一段話指出於《尚書》之前，可能存在《三墳》、《五典》等書記載上古史實，今雖不存，也不可抹殺其存在之可能性。章學誠認為《尚書》是「因事命篇，本無成法」，故原無定例，所謂典、謨、訓、誥、誓、命等體例皆是歸納而出，後人妄取六體之法來擬寫《尚書》，即是不明此理。詳見〔清〕章學誠撰，〔民國〕葉瑛校注：《文史通義校注／校讎通義校注》，臺北縣：頂淵文化事業有限公司，二〇〇二年九月初版。頁三〇。

書，經孔子刪修而成，因年記事，條列事件而成書，後世稱其「屬辭比事」〔註2〕，是為編年體；與其同時的晉《乘》、楚《檮杌》等各諸侯國史書，雖已亡佚多時，但應與編年體體裁相似，而太史公作《史記》，則是先有體例而後成篇，雖欲藉此承繼《春秋》，卻不全襲編年體例〔註3〕，改以人物為本，與前述不同。

紀、傳二體，其實相異。唐人劉知幾（西元六六一～七二一）於《史通・列傳》中曾討論其中差異：

> 紀、傳之興，肇於《史》、《漢》。蓋紀者，編年也；傳者，列事也。編年者，歷帝王之歲月，猶《春秋》之經。列傳者，錄人臣之行狀，猶《春秋》之傳。《春秋》則以傳釋經，《史》、《漢》則以傳釋紀。尋茲例草創，始自子長〔註4〕。

劉知幾肯定紀傳體為太史公的匠心獨運，並指出紀體記事以帝王年月為軸，用編年例，傳體則否，專記人臣的行事，是其相異之處，二者配合，如同《春秋》與《左傳》，然其雖指出紀體與傳體的關係是以傳釋紀，類同於以傳釋經，卻未察覺「以傳釋紀」與「以傳釋經」的差異。《左傳》用以釋經，是依附《春秋》而生成，二者為附屬關係，去《左傳》則《春秋》記事遂成片斷，無所用處；紀、傳二體則不然，其間為主從關係，傳體雖用以輔助了解紀體中傳述的人事，使之愈顯充實鮮活，卻可脫離紀體而獨立存在。二者分而無礙理解，合則更能相得益彰。就形式而言，經、傳關係與紀、傳二體的關係類似，皆是二者相互配合，然就實質深究之，則可發現有附屬與主從關係之異。經傳分離，則經遂難解，傳轉無用，而紀傳無此困擾。

紀傳體之異於前史，其中最根本者，即《春秋》、《左傳》是以年繫事，一

〔註2〕《禮記・經解》：「屬辭比事，《春秋》教也。」鄭注：「屬猶合也。《春秋》多記諸侯朝聘會同，有相接之辭、罪辯之事。」孔疏：「屬辭比事，《春秋》教也者，屬，合也；比，近也。《春秋》聚合會同之辭，是屬辭；比次褒貶之事，是比事也。」見〔漢〕鄭玄注，〔唐〕孔穎達疏：《禮記正義・卷五十・經解》，收於〔清〕阮元校刻：《十三經注疏》全二冊，江蘇省揚州市：江蘇、廣陵古籍刻印社，一九九五年十月初版。頁一六〇九。

〔註3〕《史記》紀傳體中，紀體仍有編年形式，以帝王年號為記事時序，按年編排，世家一體中敘先秦時期之篇，則以諸侯年月為記事時序，而由〈陳涉世家〉起，因局勢動盪、紀年紊亂，以之漸脫編年體裁，列傳一體則全然擺脫編年，以人物事件之時序為脈絡，敘事手法更為多樣，可順可逆，全憑史家心意。

〔註4〕見〔唐〕劉知幾撰，〔清〕浦起龍釋：《史通通釋・卷二・列傳》，冊一（全二冊），臺北市：臺灣中華書局，一九七〇年六月臺二版。頁十四右。

年之下只載當年之事，迤邐連貫而成，《史》、《漢》則以人物為中心，所錄事件皆圍繞人物發生，敘事時序可順可逆，甚而可插述、追述之，運筆彈性極大。紀體雖以帝王年號為記事時序，然究其根本，仍以人物為主〔註5〕，傳體則更不待言。

古所謂傳體，與《史》、《漢》所使用的傳體不同。傳本為解經而生，令簡約的經文得以豐潤，使人易讀易懂，如《左傳》、《公羊傳》、《穀梁傳》之於《春秋》，以及《易傳》之於《易》，即劉知幾所謂「傳者，轉也。轉受經旨，以授後人」〔註6〕。傳體實質的改變，始於西漢。清人趙翼（西元一七二七～一八一四）以為「列傳敘事，古人所無」〔註7〕，更進一步說明此間異同：

> 漢時所謂傳，凡古書及說經皆名之，非專以敘一人之事也。其專以之敘事，而人各一傳，則自史遷始，而班史以後皆因之〔註8〕。

其以為漢代時所謂的「傳」，是指古書名或解經之書的名稱，並非現指之傳，而傳用以專門記敘一人之事，是太史公的發凡創例，後世皆因襲不替。由此可知，「傳」自太史公始，已改變其根本作用，轉而成為專載人物行事的體例。

傳體為記敘人物的體裁，其成篇之法變化多端，歷來學者多有討論，於此茲舉四家說法如下：

一、近人梁啟超（西元一八七三～一九二九）於《中國歷史研究法補編》中，以「人的專史」為對象，將專以人物作為本位的專史分為五類：列傳、年譜、專傳、合傳、人表。其以為列傳是正史極常運用的體例，與專傳不同；列傳是小篇幅的，可以多篇而合成一書，專傳則是一本書單寫一人，合傳一體則

〔註5〕朴宰雨認為「《史記》本紀中〈夏〉、〈殷〉、〈周〉、〈秦〉四本紀，年代久遠，史料不多，故僅以世系為中心，主要寫世系上治亂大事……至於《史記》之〈五帝〉、〈項羽〉、〈高祖〉、〈呂太后〉等本紀，雖亦以國家大事為中心，但多載個人傳記成分，尤其是〈項羽本紀〉，頗近列傳體。」由此可知，本紀純以年繫事者，是因事跡難考、材料缺乏之故，有史料則人物色彩益顯。《漢書》之紀為求簡潔，刪去眾多人物事件，反而難以突顯紀體之記人特色，失去其生動面貌。詳見朴宰雨：《《史記》《漢書》比較研究》，北京市：中國文學出版社，一九九四年初版。頁一七四。

〔註6〕見〔唐〕劉知幾撰，〔清〕浦起龍釋：《史通通釋・卷一・六家》，冊一（全二冊），臺北市：臺灣中華書局，一九七〇年六月臺二版。頁八右。

〔註7〕見〔清〕趙翼：《陔餘叢考・卷五》，第一冊（全四冊），臺北市：新文豐出版股份有限公司，一九七五年十一月初版。頁一。

〔註8〕見〔清〕趙翼：《陔餘叢考・卷五》，第一冊（全四冊），臺北市：新文豐出版股份有限公司，一九七五年十一月初版。頁一～二。

別立於列傳之外，甚而再細分為三項：兩人以上，平等敘列；一人為主，旁人附錄；許多人平列，無主無從〔註 9〕。其分類時代較早，略顯簡略。於定義方面，列傳與合傳之別並無明確界定，稍嫌不足，且合傳一類下分三項，相當於後期分類的單傳、合傳、類傳等三類，突顯出此分類法尚有進一步討論的空間。

二、王明通於《漢書導論》一書中，就「傳」此一體裁，將之分類為六，分別為單傳、合傳、附傳、類傳、四夷、敘傳，並進一步詳細分別說明。後又再以「立傳之次」為標準，將《漢書》七十篇傳分為三類：以人為主之單傳合傳、事重於人之類傳、敘作者之意之敘傳〔註 10〕。其分類項目十分細緻，是為佳處，然由其論說可知，事重於人的「類傳」中，包含了其原先分類中的類傳與四夷二類，是類傳中亦囊括四夷一類，名稱相同而定義兩別，易混淆視聽，則前所分類定名似有可研討之處，值得三思。

三、朴宰雨於《《史記》《漢書》比較研究》中，將紀體、傳體的篇章混合，直接以其敘事組織為角度，將《史》、《漢》的傳記文分為八類：（一）世系中心型集體傳記文，以諸侯世系為主，《史記》部分本紀與世家屬之，《漢書》則無；（二）國事中心型個別傳記文，以國事為主，《史記》部分本紀與《漢書》十二紀屬之；（三）人物中心型個別傳記文，類同單傳，《史記》部分本紀與世家篇章，及多數列傳屬之，《漢書》傳之部分篇章屬之；（四）人物中心型合體傳記文，義同合傳；（五）事類中心型集體傳記文，義同類傳；（六）中外關係中心型族別傳記文，類同於王明通之四夷一類；（七）敘傳；（八）附傳〔註 11〕。其分類雖能涵蓋紀、傳兩體，然仍有數篇無法妥善歸類，如《史記》〈五帝本紀〉、〈孝武本紀〉、〈三王世家〉等，突顯出此分類仍有改善空間。

四、蔡師信發在《話說史記》中，於〈《史記》合傳析論〉一篇裡，將列傳體例分為五類，依次為單傳、合傳、附傳、類傳、附見〔註 12〕。其中「附見」一類，容易與「附傳」混淆。近人孫德謙（西元一八六九～一九三五）曾於《太

〔註 9〕詳見梁啟超：《中國歷史研究法五種．中國歷史研究法補編》，臺北市：里仁書局，一九八二年初版。頁二二一～二二五。

〔註 10〕詳見王明通：《漢書導論》，臺北市：五南圖書出版有限公司，一九九一年六月初版。頁一九九～二一一。

〔註 11〕詳見朴宰雨：《《史記》《漢書》比較研究》，北京市：中國文學出版社，一九九四年初版。頁二二八～二四二。

〔註 12〕詳見蔡師信發：《話說史記》，臺北市：萬卷樓圖書有限公司，一九九五年初版。頁二七～二八。

史公書義法》中舉出「附出」一法，認為傳體之中包含了「寄傳」與「附傳」兩類〔註13〕，然此二者定義相混淆，幾等於後世之「附傳」。蔡師信發所舉的「附見」，定義範圍則較附傳狹小：附傳其人只載其生平大事，若只有一事可記，只採此事，即可視為一附傳，而不載其事，只條列姓名於傳中，則屬附見。

各家說法皆有所長，今即廣採各家，以敘事主從關係出發，分傳體為單傳、合傳、類傳、附傳、附見及敘傳等六類，並分別說明舉例於下：

一、單傳：即一人一傳者，因其生平可載之事繁多，宜獨立成傳，如《史記》〈伍子胥列傳〉、〈商君列傳〉、〈淮陰侯列傳〉，及《漢書》〈賈誼傳〉、〈董仲舒傳〉等。

本論文將王明通所論的「四夷」一類歸併於此，因其雖以外族為內容，然實以一國為主述，論其與中國間的交互影響，旁及諸小國者，皆為附傳，如《史記》〈大宛列傳〉即以大宛為主，而烏孫、康居、奄蔡、大月氏、安息、條枝等諸小國則為附，只略述其方位與民情，應屬單傳，與類傳有別，不相混淆。

二、合傳：因行事牽連緊密，關係密切而難以分割，故以二人或數人合為一傳，平等敘列者，如《史記》〈管晏列傳〉、〈仲尼弟子列傳〉、〈廉頗藺相如列傳〉，與《漢書》〈陳勝項籍傳〉、〈魏豹田儋韓信傳〉等。

三、類傳：以其事類相近、性質相近，特取其中名行顯著者，裁成篇章，即為類傳，重視事類特質甚於人物本身，多人平等敘列，無主無從，如《史記》〈酷吏列傳〉、〈刺客列傳〉、〈貨殖列傳〉，與《漢書》〈游俠傳〉、〈佞幸傳〉、〈外戚傳〉等。

乍看之下，此類易與「合傳」一類混淆，然可依《史記》〈太史公自序〉或《漢書》〈敘傳〉中所述的各篇篇題與主旨，認清傳中所重視的特質為人物或事類，即可辨明，如太史公以張釋之、馮唐能「守法不失大理，言古賢人，增主之明」〔註14〕而作傳，篇題以二人名姓為標目，點明以此二人為一傳，並指出所重者為其人的特質，故此傳為合傳；另因「民倍本多巧，姦軌弄法，善人不能化，唯一切嚴削為能齊之。作〈酷吏列傳〉」〔註15〕，重視「嚴削」此

〔註13〕詳見〔清〕孫德謙：《太史公書義法》，臺北市：臺灣中華書局，一九八五年臺三版。頁八六～八七。

〔註14〕見〔漢〕司馬遷著，（日本）瀧川龜太郎注：《史記會注考證．太史公自序》，高雄市：麗文文化事業股份有限公司，二〇〇〇年九月初版。頁一三四五上右。

〔註15〕見〔漢〕司馬遷著，（日本）瀧川龜太郎注：《史記會注考證．太史公自序》，高雄市：麗文文化事業股份有限公司，二〇〇〇年九月初版。頁一三四六上右。

一特性，以事類為標目，顯示出所重者為事類特質，故此傳屬類傳。

四、附傳：因其人可記而其事甚少，只能附於他傳，不能獨立成篇，所謂「事跡雖寡，名行可崇，寄在他篇」〔註16〕者，即為附傳，如《史記》〈魏公子列傳〉的侯嬴、〈酈生陸賈列傳〉的朱建，或《漢書》〈張陳王周傳〉的周亞夫、〈李廣蘇建傳〉的程不識、李陵與蘇武等，只採其生平可載之事，不須書其生死首尾。

五、附見：「所謂附見，尤較附傳為簡，僅於傳中略述或偶見而已」〔註17〕，以其人事跡與傳主略有相關，牽連所至即書，不書亦可，常只條列姓名於其中者，即為附見，與附傳一樣不能獨立成篇，於傳體中十分常見，如《史記》〈仲尼弟子列傳〉中無年及不見書傳者四十二人，其姓名與字皆一一條列於傳末，或如《漢書》〈張陳王周傳〉的宋最、高肄，雖於名前冠有官稱，卻無甚事跡，純屬牽連書之，於全書並無二見，即為附見。

六、敘傳：即為書序，亦為作者的自序。全篇先述其家世及著書緣由，而特重於闡明各篇章之旨，不獨為自身作傳，亦為書作傳，二者緊密難分，猶如人書合傳而有別於他傳。以其為全書綱領，故別為一類，如《史記》〈太史公自序〉與《漢書》〈敘傳〉。

此類因人書難兩分，述作者生平即為述著書的始末，故後世若欲為作者立傳，採其自序，略加增改，則此類篇章即成單傳，如〈太史公自序〉於《史記》中，歸為敘傳，而班固採之，裁減而成《漢書》的〈司馬遷傳〉，屬於單傳；又如班固〈敘傳〉於《漢書》中，歸為敘傳，經范曄之手而成《後漢書》的〈班固傳〉，則屬單傳，此為本類一大特性。後世史書皆無此類，概因奉旨修史、體例承襲不改故，不必述其緣由，然少此類，則篇章之旨隱晦難顯，更易因此少了通盤考量，不假思索而隨意立傳，使史書卷秩繁蕪，猶如行狀墓誌。

傳體自太史公始，已改變其為解經而生的根本作用，不再附屬於經，轉而成為專載人物行事的體例，與紀體相配而為主從關係，無論內容與形式上，皆不同以往。其成篇之法多端，於此則以敘事主從關係出發，分為單傳、合傳、類傳、附傳、附見及敘傳等六類，以涵蓋傳體各篇，使其各歸其類，便於檢索研究。

〔註16〕見〔唐〕劉知幾撰，〔清〕浦起龍釋：《史通通釋．卷二．列傳》，冊一（全二冊），臺北市：臺灣中華書局，一九七〇年六月臺二版。頁十五右。

〔註17〕見蔡師信發：《話說史記》，臺北市：萬卷樓圖書有限公司，一九九五年初版。頁二八。

第二節 《史》、《漢》傳體的異同

《史記》創例在先，《漢書》緊承其後，二者於形式與內容上，皆有承繼關係，而於傳體方面，《史記》世家、列傳兩體皆屬之，《漢書》則去世家，獨有傳而已。由此可發覺兩個特點：一是《史記》有世家體而《漢書》無，一則是《史記》稱「列傳」而《漢書》獨稱「傳」。前者是體例訂立之別，後者則是名目之異，各自展現了二書作者考量的不同。以下先就此二點析論之，以見太史公與班固考量之異，再針對二書傳體部分，以〈太史公自序〉與〈敘傳〉所述的各篇標目與主旨為標準，並以單傳、合傳、類傳、附傳、附見、敘傳等六類加以分別、列表說明之，以明《史》、《漢》傳體的異同。

一、《史》有世家體而《漢》去之

《史記》創本紀、表、書、世家、列傳等五體，記錄上下千年的歷史，《漢書》則以紀、表、志、傳等四體承於後。二書雖體例名目略有差異，後世卻舉其特色，統稱之為「紀傳體」，特標出「紀傳」二字以別於古來史書。《史記》的「本紀」與《漢書》的「紀」屬於紀體，而「世家」、「列傳」與「傳」則屬傳體，其中又以「世家」的類型最為特殊。劉知幾認為「其編次之體，與本紀不殊」〔註18〕，而今人張大可更加以說明，以為「世家與本紀同體，均編年記事，因有別於天子等第而別名『世家』」〔註19〕。細察《史記》各篇，可發覺〈齊世家〉、〈魯世家〉等篇確有編年記事之實〔註20〕，然以此直指世家與本紀同體，是不明太史公創制體例之因，不獨為別天子、諸侯之異而已。

世家實不同於本紀。本紀者，記天下實質政權的所本〔註21〕，以見世代興

〔註18〕見〔唐〕劉知幾撰，〔清〕浦起龍釋：《史通通釋．世家》，冊一（全二冊），臺北市：臺灣中華書局，一九七〇年六月臺二版。頁十一右。

〔註19〕見張大可：《史記研究》，北京市：華文出版社，二〇〇二年一月初版。頁一九六。

〔註20〕《史記》世家一體記錄了上古至漢初之宗國勢力演變過程，也反映出編年與紀傳間之過渡情形：敘先秦時期者共十七篇，雖以人物事跡為記事主軸，但仍以諸侯年月為時序（《史記．孔子世家》則以孔子自身年紀為記事時序），有編年之實，而由〈陳涉世家〉起等十三篇述秦、漢之際至漢初者，則因局勢動盪、紀年紊亂，徹底擺脫編年形式。

〔註21〕本紀之「本」，指政權之根本。蔡師信發認為「本紀取材的準則，應以當時政權的掌握者為對象」，而瀧川龜太郎引張照曰：「馬遷之意，並非以本紀為天子之服物采章，若黃屋左纛然，非天子不可用也。特以天下之權之所在，則其人係天下之本，即謂之本紀。」此語確切指明了本紀之意旨。詳見蔡師信發：《話

衰更替的始末，而太史公自言以「二十八宿環北辰，三十輻共一轂，運行無窮，輔拂股肱之臣配焉，忠信行道，以奉主上」〔註22〕之義，創世家一例，即與本紀製體之因不同。先秦惟尊周天子，群起爭霸的雄國皆源於周天子的分封，是為封建制。諸侯與周天子同為世襲，擁有屬地與人民，掌有地方治權，卻仍須向周天子朝貢稱臣，位階屬於不同層級，而又高出官吏百姓許多，是以太史公於本紀、列傳之間，另立一體以表明此特殊情形。漢初採郡國並行制，仍有裂地封侯之舉，然隨著削減封地、七國之亂、眾建推恩等事件，已逐漸走向中央集權制。太史公身處漢武之世，正是轉變之時，前後相形而欲載上古至漢初之事，故以「忠信行道，以奉主上」為標準，檢視先秦藩輔周室的各諸侯國，及漢初輔弼有功的忠臣，篩選而成三十世家。近人朱東潤（西元一八九六～一九八八）以為：

> 周漢之間，凡能拱辰共轂，為社稷之臣，效股肱輔弼之任者，則史遷入之世家。開國可也，不開國亦可，世代相續可也，不能相續亦可也，乃至身在草野，或不旋踵而亡，亦無不可也〔註23〕。

這段話破除了一般認為世家一體專載世代侯國的看法，亦為備受爭議的〈孔子世家〉與〈陳涉世家〉作詮釋。其以為孔子為天下儀法之祖，雖百世而不易，可謂為漢制作，功在漢室，而陳涉首難，稱王六月而亡，然為漢家天下興起之端，有功於漢，故二者可列為世家。宋人林駉則以為「事之有大於列傳，則係之世家」〔註24〕，列傳以記人反映一代的風氣，如〈樗里子甘茂列傳〉可現戰國縱橫之風、〈魏其武安侯列傳〉刻畫漢初外戚勢力的消長，而世家所載，皆取可流傳百代、於漢有深遠之功者，如孔子為至聖先師、陳涉為平民起義第一人、張良為謀士典範、陳平為智士之表等。太史公的裁剪，實有意焉。

說史記·最毒婦人心——呂后析論》，臺北市：萬卷樓圖書有限公司，一九九五年初版。頁一七六；〔漢〕司馬遷著，（日本）瀧川龜太郎注：《史記會注考證·項羽本紀》，高雄市：麗文文化事業股份有限公司，二〇〇〇年九月初版。頁一三四上左。

〔註22〕見〔漢〕司馬遷著，（日本）瀧川龜太郎注：《史記會注考證·太史公自序》，高雄市：麗文文化事業股份有限公司，二〇〇〇年九月初版。頁一三四七上右。

〔註23〕見朱東潤：《史記考索（外二種）》，收於《二十世紀國學叢書》，上海市：華東師範大學出版社，一九九六年十二月初版。頁一六～一七。

〔註24〕見〔宋〕林駉：《古今源流至論後集·卷九》，《景印文淵閣四庫全書·子部第九四二冊》，臺北市：臺灣商務印書館股份有限公司，一九八六年三月初版，頁二九五上右～上左。

《漢書》去除世家體例，顯示漢代政權已高度集中。漢初分散的諸侯勢力，經過眾多事件，於漢武帝時已逐漸清掃殆盡，而班固長於東漢，當時早已無掌實權的侯王，徒名爵耳，且《漢書》僅誌西漢一代，無須考慮春秋戰國時諸侯與周天子的異同，故廢世家而併入傳，然此舉應是忽略漢初治權由分散走向一統的趨勢。體例雖為齊整，卻無法顯示此種歷史變遷軌跡，殊為可惜。

二、《史》稱「列傳」而《漢》獨稱「傳」

傳體中，《史記》為「列傳」而《漢書》稱「傳」者，體例相同，名目有異而已，然其中即可細論之。列傳者，列，本義為分解〔註25〕，引申為陳列、排列，或行列、位次之義，傳則為一種記載人物行事的體裁，合而稱之，可釋為「排列敘寫人物事跡的傳記」或「傳寫人物事跡的行列」。前者指經過排列的人物傳記，後者則指為人物事跡的行列位次作傳，以傳記表明人物行次，闡述其於作者心中的序位與評價，並強調各篇的關聯性。由以上二解，可見「列」並非一無意義之詞，而後者尤重其義，正與「本紀」的命名同理。本紀記天下實權所本，強調「本」義，廓清此處，方可明太史公作紀的標準，而列傳之「列」，亦為太史公的別識，特標「列」以見其所重者在傳記的序位，非單純排列而已。

《史記》列傳編目，皆經太史公巧思安排。太史公作傳，以義為先，每篇皆有其所欲表達的意旨，如置項籍於本紀，以之於秦、漢之際曾分封諸王，政由其出；置陳涉、孔子於世家，因其影響後世深遠，有功於漢，而不以外在名位作劃分；置〈吳太伯世家〉、〈伯夷列傳〉為世家、列傳之首，是嘉其有讓國之德，且經孔子論定，故太史公藉此表其欲紹繼《春秋》、宗經的心跡〔註26〕。再者，以時代為次，各體篇章約以時代先後排列，以示古今通變之跡，其間更

〔註25〕《說文解字》：「列，分解也。」見〔漢〕許慎撰，〔清〕段玉裁注：《說文解字注》，高雄市：高雄復文圖書出版社，二〇〇〇年九月初版。頁一八〇上右。

〔註26〕《太史公書義法．宗經》：「《史》於〈十二諸侯年表〉列吳於末，而世家則獨冠以吳太伯，其意以太伯有讓德，又為孔子所論定，故既紹《春秋》之學，而先之以太伯者，知其得《春秋》首隱之意也。〈伯夷列傳〉雖有其傳曰云云，為整齊世傳之證，但夷、齊兄弟，古之讓國者也，蓋亦本《春秋》之意，所由此一傳者立於他傳之上乎！」孫德謙認為世家以吳太伯為首，列傳以伯夷為先，是太史公藉此自表心跡，以明《史記》繼《春秋》之後，承其褒貶之意而來，不仿形式而用其意，於宗經之體、文、說、意等四類中，屬宗經之意者。詳見〔清〕孫德謙：《太史公書義法》，臺北市：臺灣中華書局，一九八五年臺三版。頁五～八。

以關係牽連者相繫，善用標題以明太史公之所欲褒貶〔註27〕。

趙翼曾指出《史記》篇次編排的錯雜現象：

> 《史記》列傳次序，蓋成一篇即編入一篇，不待撰成全書後重為排比，故〈李廣傳〉後忽列〈匈奴傳〉，下又列〈衛青霍去病傳〉。朝臣與外夷相次，已屬不倫，然此猶曰「諸臣事皆與匈奴相涉也」。〈公孫宏傳〉後忽列〈南越〉、〈東越〉、〈朝鮮〉、〈西南夷〉等傳，下又列〈司馬相如傳〉；相如之下，又列〈淮南衡山王傳〉；〈循吏〉後忽列〈汲黯鄭當時傳〉；〈儒林〉、〈酷吏〉後，又忽入〈大宛傳〉。其次第皆無意義，可知其隨得隨編也〔註28〕。

趙翼以為七十列傳後半，篇章錯出，次第無理可循，是隨得隨編之證，朱東潤則以為「曲解篇次，誠為不可，然遽謂其隨得隨編，亦未盡當。大要自四十九篇以上，諸篇次第皆有意義可尋，自五十篇以下，中經竄亂，始不可解」〔註29〕，認為列傳篇次本耐人尋繹，五十篇之後則因流傳竄亂而失序，而清人汪之昌（西元一八三七～一八九五）更以為五十篇以下並無失序，據趙翼之論，一一駁之，以為李廣、衛青、霍去病等人的事跡確與匈奴相出入，故匈奴次於二者之間不為非；公孫弘時始以博士使匈奴、西南夷，對武帝銳意開邊之舉，曾數諫以為非便，而司馬相如亦曾出使西南夷，卻欣然還報，與公孫弘意見不同，故置〈平津侯主父列傳〉在〈南越列傳〉、〈東越列傳〉、〈朝鮮列傳〉、〈西南夷列傳〉之前，而次〈司馬相如列傳〉於後；司馬相如為辭賦大家，常借虛構人物發言，聯想所及，則淮南、衡山王所招集之人亦鋪張為說，好稱神仙，以之次〈淮南衡山列傳〉於其後；因強藩習為惡，而循吏善化之，又次〈循吏列傳〉於其後；以汲黯治民好靜、鄭當時廉不治產，如古循吏，又次於後；〈儒林列傳〉敘武帝有意文治，而次之以〈酷吏列傳〉，明其難用儒者治國，再次

〔註27〕《文史通義．永清縣志列女列傳序例》：「太史標題，不拘繩尺；蓋春秋諸子以意命篇之遺旨也。至於班氏列傳，而名稱無假借矣。」章學誠認為太史公之命篇，其中或直書其名，或稱其官職、爵位等，皆隱有其所欲表之旨，是先秦諸子命篇義法之遺留，班固則失此法，名稱齊整而反失內蘊。由此則知太史公命篇，實含別識，非所謂義例不純者。詳見〔清〕章學誠撰，〔民國〕葉瑛校注：《文史通義校注／校讎通義校注》，臺北縣：頂淵文化事業有限公司，二〇〇二年九月初版。頁七六八。

〔註28〕見〔清〕趙翼：《二十二史劄記附補遺．卷一．史記編次》，第一冊（全五冊），收於《國學基本叢書》，臺北市：臺灣商務印書館，一九六八年臺一版。頁七。

〔註29〕見朱東潤：《史記考索（外二種）》，收於《二十世紀國學叢書》，上海市：華東師範大學出版社，一九九六年十二月初版。頁二一～二二。

以〈大宛列傳〉，因張騫始發其謀。汪之昌認為這些篇章先後相次，正可見武帝治內以嚴酷之吏，開邊以喜功之心，其治政之跡不言而自現，故太史公的編次，實有意涵〔註30〕。由此可見，篇章之間皆有線索可循。太史公於篇目安排與聯結上，費思良多，絕非純然搜羅材料、排列成篇成書之舉。

單篇之中，經太史公的去取編排，亦能顯現人物於其心中的序位者，尤以合傳一類最能明其意旨。合傳人物之所以合篇，是因其行事牽連緊密，關係密切而難以分割，故以二人或數人合為一傳，平等敘列之。雖稱平等敘列，然細察標目與內容，可發覺其中仍有太史公的慧心獨運，如〈老子韓非列傳〉。「子」是古代對男子之美稱，有尊敬之意，而題名僅稱李耳為老子，韓非則全稱其名，非為「李耳韓非」或「老子韓子」，是有深意於內。其篇末贊曰：「老子所貴道，虛無因應，變化於無為，故著書辭，稱微妙難識……韓子引繩墨，切事情，明是非。其極慘礉少恩，皆原於道德之意，而老子深遠矣。」〔註31〕以為老子認為之「道」蘊含十分豐富，自然無為而萬物依序生成，一切於潛移默化中完成。其說影響漢初與民休息的政策，與儒家同為影響歷代士人深遠的兩大學說，法家亦由其中變化而出，故尊始祖李耳為老子。韓非為法家集大成者，其學說循名責實，思辨明晰，卻過於刻薄寡恩，故文中雖三稱「韓子」，於標目仍為「韓非」。由此觀之，則合傳人物雖因關係密切而合為一篇，然一篇之內，仍可析知太史公對其評價高下之異。由是而知，無論篇次的先後、人物評價的高低，太史公胸中自有計量，列傳的特標「列」字，非獨指排列一義，實則指明所重者乃「序位」之義，強調各傳、各人物間的聯繫，藉此反映出太史公所欲表達的思想，極有意義。

以此觀之《漢書》，其體裁承自《史記》，而為紀、表、志、傳，其稱全為單詞，形式齊整。班固用尊崇漢室的精神，以名位為標準，非天下重器所傳者不入紀，如以名位依歸立〈惠帝紀〉，而西漢末年掌有實權的元后、王莽只入傳等，條件明確易瞭，不容混淆，故可單稱「紀」而不稱「本紀」，不若太史公之必強調「本」義，明其所重者為實權的根本，以通貫古今政權正傾之時，然去「列」字而單稱「傳」，則不能等同視之。「列」表篇章之序，是各篇繫聯的線索，包含了史家對人物事件，乃至整個歷史環境的觀點，值得重視。班固

〔註30〕見〔清〕汪之昌：《青學齋集》，卷十四，北京市：中國書店出版社，一九九二年初版。頁二三左～二五左。

〔註31〕見〔漢〕司馬遷著，（日本）瀧川龜太郎注：《史記會注考證．老子韓非列傳》，高雄市：麗文文化事業股份有限公司，二○○○年九月初版。頁八三九上右。

去「列」而獨稱「傳」，雖有齊整之美，然只餘「敘寫人物事跡的傳記」之義，忽略篇章繫聯的重要性，則於義略顯不足，是可惜之處。

除去體例略有更易、名稱有別之外，《史》、《漢》傳體實無不同，皆以人為本。《史記》三十世家、七十列傳皆屬傳體，共一百篇，《漢書》則有傳七十篇屬之，數量龐大，故欲論《史》、《漢》傳體的異同，需先加以分類，以便論述。一般《史》、《漢》傳記比較的研究，只以列傳與傳為分類對象，排除了世家，然考量其同為傳體，欲論異同則不可獨斥於外，故今混合之，以〈太史公自序〉與〈敘傳〉所述的各篇標目與主旨為標準，用單傳、合傳、類傳、敘傳等類分門別類，列表如左，並析論於後：

表一：《史》、《漢》傳體分類表

史體體例	傳體類型	《史記》篇章	史體體例	傳體類型	《漢書》篇章
世家	單傳	1.〈吳太伯世家〉 2.〈齊太公世家〉 3.〈魯周公世家〉 4.〈燕召公世家〉 5.〈衛康叔世家〉 6.〈宋微子世家〉 7.〈晉世家〉 8.〈楚世家〉 9.〈越王句踐世家〉 10.〈鄭世家〉 11.〈趙世家〉 12.〈魏世家〉 13.〈韓世家〉 14.〈田敬仲完世家〉 15.〈孔子世家〉 16.〈陳涉世家〉 17.〈楚元王世家〉 18.〈齊悼惠王世家〉 19.〈蕭相國世家〉 20.〈曹相國世家〉 21.〈留侯世家〉 22.〈陳丞相世家〉	傳	單傳	1.〈楚元王傳〉 2.〈賈誼傳〉 3.〈董仲舒傳〉 4.〈司馬相如傳〉 5.〈張湯傳〉 6.〈杜周傳〉 7.〈司馬遷傳〉 8.〈東方朔傳〉 9.〈韋賢傳〉 10.〈蕭望之傳〉 11.〈馮奉世傳〉 12.〈翟方進傳〉 13.〈揚雄傳〉 14.〈匈奴傳〉 15.〈元后傳〉 16.〈王莽傳〉

		23.〈絳侯周勃世家〉 24.〈梁孝王世家〉			
世家	合傳	1.〈管蔡世家〉 2.〈陳杞世家〉 3.〈荊燕世家〉 4.〈五宗世家〉 5.〈三王世家〉	傳	合傳	1.〈陳勝項籍傳〉 2.〈張耳陳餘傳〉 3.〈魏豹田儋韓信傳〉 4.〈韓彭英盧吳傳〉 5.〈荊燕吳傳〉 6.〈季布欒布田叔傳〉 7.〈高五王傳〉 8.〈蕭何曹參傳〉 9.〈張陳王周傳〉 10.〈樊酈滕灌傅靳周傳〉 11.〈張周趙任申屠傳〉 12.〈酈陸朱婁叔孫傳〉 13.〈淮南衡山濟北傳〉 14.〈蒯伍江息夫傳〉 15.〈萬石衛直周張傳〉 16.〈文三王傳〉 17.〈爰盎朝錯傳〉 18.〈張馮汲鄭傳〉 19.〈賈鄒枚路傳〉 20.〈竇田灌韓傳〉 21.〈景十三王傳〉 22.〈李廣蘇建傳〉 23.〈衛青霍去病傳〉 24.〈公孫弘卜式兒寬傳〉 25.〈張騫李廣利傳〉 26.〈武五子傳〉 27.〈嚴朱吾丘主父徐嚴終王賈傳〉 28.〈公孫劉田楊王蔡陳鄭傳〉 29.〈楊胡朱梅云傳〉 30.〈霍光金日磾傳〉 31.〈趙充國辛慶忌傳〉 32.〈傅常鄭甘陳段傳〉 33.〈雋疏于薛平彭傳〉

					34.〈王貢兩龔鮑傳〉 35.〈魏相丙吉傳〉 36.〈眭兩夏侯京翼李傳〉 37.〈趙尹韓張兩王傳〉 38.〈蓋諸葛劉鄭毋將孫何傳〉 39.〈宣元六王傳〉 40.〈匡張孔馬傳〉 41.〈王商史丹傅喜傳〉 42.〈薛宣朱博傳〉 43.〈谷永杜鄴傳〉 44.〈何武王嘉師丹傳〉 45.〈西南夷兩越朝鮮傳〉 46.〈西域傳〉
世家	類傳	1.〈外戚世家〉	傳	類傳	1.〈儒林傳〉 2.〈循吏傳〉 3.〈酷吏傳〉 4.〈貨殖傳〉 5.〈游俠傳〉 6.〈佞幸傳〉 7.〈外戚傳〉
列傳	單傳	1.〈伯夷列傳〉 2.〈司馬穰苴列傳〉 3.〈伍子胥列傳〉 4.〈商君列傳〉 5.〈蘇秦列傳〉 6.〈張儀列傳〉 7.〈穰侯列傳〉 8.〈孟嘗君列傳〉 9.〈魏公子列傳〉 10.〈春申君列傳〉 11.〈樂毅列傳〉 12.〈田單列傳〉 13.〈呂不韋列傳〉 14.〈李斯列傳〉 15.〈蒙恬列傳〉 16.〈黥布列傳〉			

		17.〈淮陰侯列傳〉 18.〈田儋列傳〉 19.〈張丞相列傳〉 20.〈田叔列傳〉 21.〈吳王濞列傳〉 22.〈韓長孺列傳〉 23.〈李將軍列傳〉 24.〈匈奴列傳〉 25.〈南越列傳〉 26.〈東越列傳〉 27.〈朝鮮列傳〉 28.〈西南夷列傳〉 29.〈司馬相如列傳〉 30.〈大宛列傳〉			
列傳	合傳	1.〈管晏列傳〉 2.〈老子韓非列傳〉 3.〈孫子吳起列傳〉 4.〈仲尼弟子列傳〉 5.〈樗里子甘茂列傳〉 6.〈白起王翦列傳〉 7.〈孟子荀卿列傳〉 8.〈平原君虞卿列傳〉 9.〈范雎蔡澤列傳〉 10.〈廉頗藺相如列傳〉 11.〈魯仲連鄒陽列傳〉 12.〈屈原賈生列傳〉 13.〈張耳陳餘列傳〉 14.〈魏豹彭越列傳〉 15.〈韓信盧綰列傳〉 16.〈樊酈滕灌列傳〉 17.〈酈生陸賈列傳〉 18.〈傅靳蒯成列傳〉 19.〈劉敬叔孫通列傳〉 20.〈季布欒布列傳〉 21.〈袁盎鼂錯列傳〉 22.〈張釋之馮唐列傳〉 23.〈萬石張叔列傳〉			

		24.〈扁鵲倉公列傳〉 25.〈魏其武安侯列傳〉 26.〈衛將軍驃騎列傳〉 27.〈平津侯主父列傳〉 28.〈淮南衡山列傳〉 29.〈汲鄭列傳〉			
列傳	類傳	1.〈刺客列傳〉 2.〈循吏列傳〉 3.〈儒林列傳〉 4.〈酷吏列傳〉 5.〈游俠列傳〉 6.〈佞幸列傳〉 7.〈滑稽列傳〉 8.〈日者列傳〉 9.〈龜策列傳〉 10.〈貨殖列傳〉			
列傳	敘傳	1.〈太史公自序〉	傳	敘傳	1.〈敘傳〉

根據上表，則《史記》三十世家屬單傳者有二十四篇，屬合傳者有五篇，屬類傳者一篇；七十列傳中屬單傳者有三十篇，屬合傳者有二十九篇，屬類傳者有十篇，屬敘傳者一篇。是以得知《史記》傳體中，有單傳五十四篇、合傳三十四篇、類傳十一篇、敘傳一篇，共一百篇，而《漢書》傳裡，屬單傳者十六篇、合傳者四十六篇、類傳者七篇、敘傳者一篇，共七十篇。由以上數據可反映出《史》、《漢》傳體的異同處，進而分由形式與內容兩方面論之，則形式上有一同二異，內容上有一同一異。

《史》、《漢》傳體於形式上的一同二異，是同為各類皆備，而於數量、標目上有異。傳體類型共有六種，分別為單傳、合傳、類傳、附傳、附見、敘傳，其中附傳、附見兩類不可獨立存在、須依附於其他篇章，而上表以篇為分類單位，故無法顯現；其餘四種則皆在《史》、《漢》傳體中佔有一定比例，此其為形式之同。其間雖各類皆備，然《史》、《漢》卻以不同比例呈現，則顯示了作者心裁之異。《史記》中單傳比例為○．五四、合傳為○．三四、類傳為○．一一、敘傳為○．○一，《漢書》的單傳比例則約為○．二三、合傳約為○．六六、類傳為○．一，敘傳約為○．○一。由以上數據可看出於《史》、《漢》之中，類傳與敘傳的比例相等，而《史記》的單傳與《漢書》的合傳則各佔全書傳體的半數以上。《史記》記載橫跨千年，人事可錄者必然繁盛，而以單傳為眾，是注重個人對歷史之意義；反觀《漢書》，只載兩百三十年事，而以合傳為多，則可知其不欲遺漏之意，此其形式的一異也。另一相異點則展現在篇章標題上。

《史記》的命篇多方，或直書姓名，或稱官爵，標題無一定之法，向來為人所詬病，然其中實有太史公的意旨：同為戰國養士的貴族，而獨以公子稱魏無忌，為〈魏公子列傳〉，是讚其品德高出其他三君許多〔註32〕；〈衛將軍驃騎列傳〉以官職命篇，是讚美衛青、霍去病二人，雖為武帝時外戚，卻能以軍功封侯，終與其他以色藝媚主而貴幸者不同，故稱之以官職，有別於其他外戚。由此可知，太史公的標目，實有深意。《漢書》的命篇齊整，則有定法可尋，劉知幾曾以之歸納出三條法則：「觀夫舊史列傳，題卷靡恒，文少者則具出姓名，若司馬相如、東方朔是也；字煩者唯書姓氏，若毌將、蓋、陳、衛、諸葛傳是也；必人多而姓同者則結定其數，若二袁、四張、二公孫傳是也。」〔註33〕其以為《漢書》標題可分成姓名具出、唯書姓氏、以數字概括同姓者三類，各依主角人數的多寡來調配，而自范曄始不用篇名，改在傳首以小字詳列姓名，是過於瑣碎。《史記》欲傳作者心旨，故命篇不拘繩尺；《漢書》欲求統一之美，是以名稱無所假借。其標題一為參差，一則齊整，前後相形而有別，此其為形式的另一異。

二書傳體於內容上的一同一異，是同為傳人，而《漢書》合傳的人數顯著增多。傳體為一種記載人物行事的體裁，已無疑義，而同為合傳，《史》、《漢》的表現則大不相同，《漢書》大幅降低單傳篇數，提高合傳比例，將許多《史

〔註32〕透過《史記．魏公子列傳》，太史公比較信陵君與平原君識才養士之眼光高低與真誠程度，知其品德實在他人之上，認為「天下諸公子，亦有喜士者矣，然信陵君之接巖穴隱者，不恥下交，有以也。名冠諸侯，不虛耳」，而《史記．孟嘗君列傳》贊語云薛地多暴桀子弟是因為「孟嘗君招致天下任俠、姦人入薛中」，更評論他：「世之傳孟嘗君好客自喜，名不虛矣」，認為孟嘗君徒喜好客之名，而非真有慧眼識才之能；《史記．平原君虞卿列傳》太史公贊評平原君為「翩翩濁世之佳公子也，然未睹大體」，認為他利令智昏，「貪馮亭邪說，使趙陷長平兵四十餘萬眾，邯鄲幾亡」，不但無所助國，反幾陷國於亡；《史記．春申君列傳》贊語評春申君前期明智，後竟晚節不保。是則其他三君之傳，太史公贊皆不盡為褒美之意，而是點明其一生之缺失，不若〈魏公子列傳〉盡為盛讚之語。傳文內頻稱「公子」，再三致意，更可見太史公讚嘆不已之情。

〔註33〕見〔唐〕劉知幾撰，〔清〕浦起龍釋：《史通通釋．卷四．題目》，冊一（全二冊），臺北市：臺灣中華書局，一九七〇年六月臺二版。頁九左。

記》的單傳或附傳等，併成合傳，故於人數調配上，不得不增加單篇的人數：《史記》合傳多為二人同篇，僅有少數篇章達三人以上，《漢書》雖仍以二人合篇為基本概念，然四十六篇合傳中，卻有高達三十四篇的人物為三人以上，是其相異之處。

《史》、《漢》傳體之別，分由形式與內容兩方面表現而出，各有其異同之處。形式上，同為具備傳體各類，而於類型的比例、各篇標題上，有所差異，內容上則是同為傳人之體，《漢書》的合傳人數卻有明顯增多的趨勢，是作者於擇人入傳的標準有不同想法所致，此正為本論文所欲深入之處。

第三節 《史》、《漢》合傳概論

傳體為記敘人物事跡的體裁，敘事手法多元，一改史書風貌，類型眾多，各有不同作用，如單傳肯定其人於歷史的意義、合傳敘關係緊密的人物事件、類傳反映社會群眾現象、附傳與附見拾掇事跡較少的可傳人物、敘傳自白作者家世及書旨等，使史書更增可看性。所傳的人物或為單傳，或為合傳，或屬類傳、附傳等，皆由史家的心裁，隨其意旨而行，故沿此可探索其去取與奪的準則，更貼近作者原意。《史》、《漢》傳體中，篇數比例極大者為單傳與合傳。由《史記》至《漢書》，單傳五十四篇減至十六篇，在傳體所佔比例由○．五四約降至○．二三，合傳則由三十四篇增加至四十六篇，比例由○．三四約提高至○．六六，此間可論者眾，而本論文以《史》、《漢》合傳為研究對象，故此節於其傳體異同的基礎上，進一步探論其合傳一類，了解《史》、《漢》合傳整體概況，並就本論文主要研究範圍的篇章，進行人物組合的分析，且予以分類，以為此後分章論述的前導。

《史記》傳體屬合傳者共三十四篇，其中世家五篇、列傳二十九篇。就形式而言，其標題充分展現太史公命題的不拘繩尺，三十四篇合傳即出現了十種命題法，有姓名具出者，如〈白起王翦列傳〉、〈廉頗藺相如列傳〉；有唯書姓氏者，如〈管晏列傳〉、〈汲鄭列傳〉；有稱之以「子」者，如〈老子韓非列傳〉、〈孫子吳起列傳〉；有稱之以「生」者，如〈屈原賈生列傳〉、〈酈生陸賈列傳〉；有稱其統稱者，如〈仲尼弟子列傳〉；有稱其爵號者，如〈平原君虞卿列傳〉、〈魏其武安侯列傳〉；有稱其封國者，如〈管蔡世家〉、〈淮南衡山列傳〉；有稱其時稱者，如〈樗里子甘茂列傳〉、〈萬石張叔列傳〉；有稱其官職者，如〈衛將軍驃騎列傳〉；有稱以約數者，如〈五宗世家〉、〈三王世家〉，變化多端，太史公藉此寓藏意旨，是得《尚書》因事命篇的遺法〔註 34〕。

觀其內容，則其單篇的合傳人數以二人為主，三十四篇中即有二十八篇屬此，佔全數八成以上，三人合傳者則有〈三王世家〉、〈孫子吳起列傳〉、〈傅靳蒯成列傳〉共三篇，四人以上者亦僅〈五宗世家〉、〈仲尼弟子列傳〉、〈樊酈滕灌列傳〉三篇而已。其人物的組成有三種情形：一為取生活於同時且行事交集頻繁者合為一傳，其人物關係的密切自不待言，是為合傳常見的組合，如〈廉頗藺相如列傳〉、〈張耳陳餘列傳〉、〈魏其武安侯列傳〉等；二為取生活於同時，然一生行事無交集者合為一傳，如〈酈生陸賈列傳〉中，酈食其與陸賈二人皆追從高祖平天下，而傳中卻未提及其交誼或行事交集之狀，又如〈張釋之馮唐列傳〉裡，張釋之、馮唐雖同事文帝，然傳文亦無法見出二人行跡的交集〔註 35〕。此種現象反映出合傳雖以關係密切而成，卻非單純用行事相交集為認定標準，而是取其可為典範的特質，或足以訓誡後人者，合為一傳，以見當世之風，通古今之變；三為取生活於不同時代者合成一傳，如〈管晏列傳〉、〈魯仲連鄒陽列傳〉、〈屈原賈生列傳〉等，各以義合，取其足可傳世者而成之。

《漢書》的傳體屬合傳者有四十六篇，數量與比例俱高於《史記》。其篇目的命題則出現七種情形：有姓名具出者，如〈陳勝項籍傳〉、〈張耳陳餘傳〉；有唯書姓氏者，如〈韓彭英盧吳傳〉、〈張陳王周傳〉；有稱其統稱者，如〈西域傳〉；有稱其爵號者，如〈樊酈滕灌傅靳周傳〉；有稱其封國者，如〈荊燕吳傳〉、〈淮南衡山濟北王傳〉；有稱其時稱者，如〈萬石衛直周張傳〉；有稱以約數者，如〈高五王傳〉、〈王貢兩龔鮑傳〉。其中以姓名具出、唯書姓氏兩種情形最為常見，共有三十二篇，次之為稱以約數者，有九篇，其餘四類僅五篇。相對而言，形式較《史記》齊整。其單篇的合傳人數，雖仍以二人合傳者為多，

〔註 34〕章學誠認為《尚書》「因事命篇，本無成法」，指出其記事僅取足以垂教者，「詳略去取，惟意所命，不必著為一定之例焉」，不若後世史書必依定法，而觀之《史記》，則言其「亦有因事命篇之意，初不沾沾為一人具始末也」，稱其標目為「褒貶之意，默寓其中，乃立言之大者也」，以為《史記》實得《尚書》之遺。詳見〔清〕章學誠撰，〔民國〕葉瑛校注：《文史通義校注／校讎通義校注》〈書教上〉、〈書教下〉、〈言公上〉等篇，臺北縣：頂淵文化事業有限公司，二〇〇二年九月初版。頁三〇、五〇、一七一～一七二。

〔註 35〕此類現象亦囊括明指私交甚篤或同行出使，然傳文裡卻無述及其行事相關處者，如〈汲鄭列傳〉、〈樗里子甘茂列傳〉等，以其事跡不多交集故，歸於此類。

有十二篇，然三人以上者即佔全數七成以上〔註 36〕，顯示出單篇人數大幅提高的傾向，而其人物組成方式亦有三種，有生活於同時、行事相交集而合篇者，如〈張耳陳餘傳〉、〈爰盎鼂錯傳〉等；有雖為同時之人，然行跡無交集而合篇者，如〈季布欒布田叔傳〉、〈李廣蘇建傳〉等；有生活於不同時而同篇者，如〈蒯伍江息夫傳〉中，蒯通為高祖時人，伍被、江充為武帝時人，息夫躬為哀帝時人，或如〈張馮汲鄭傳〉中，張釋之、馮唐為文帝時人，汲黯、鄭當時為武帝時人等，皆生不同時而合傳。其組合方式雖與《史記》相同，部分人物亦可兩見，然即使針對同一人物，太史公、班固二人所著眼處未必一樣，而由二人以上合篇的合傳，其人物組合的考量則更不盡相同。

《漢書》繼《史記》之後，大量引用其史料，而觀其合傳人物組合，可發現有與《史記》重合、合併《史記》篇章、改組合傳人物、取單傳人物入合傳、提升附傳、附見、入表人物為合傳主角、新增人物等六種情形。《史》、《漢》二書時間重合者，僅秦滅至漢初七十餘年之事，今即以此為限，捨去純用《史記》附傳、附見、入表人物為主角的單篇合傳，取《漢書》合傳二十四篇〔註 37〕，檢視其人物組合對《史記》各篇的襲改，製成下表，以明《漢書》合傳重組《史記》人物的情形：

表二：《漢書》合傳重組《史記》人物表

序號	《漢書》篇名	人　物	原屬之《史記》篇名	原屬之人物主從關係
1	〈陳勝項籍傳〉	陳勝	〈陳涉世家〉	單傳之主角
		項籍	〈項羽本紀〉	單傳之主角
2	〈張耳陳餘傳〉	張耳	〈張耳陳餘列傳〉	合傳之主角
		陳餘	〈張耳陳餘列傳〉	合傳之主角

〔註 36〕《漢書》合傳中，三人合傳者有八篇，四人合傳者有七篇，五人合傳者有八篇，六人合傳者有五篇，七人合傳者有兩篇，八人以上者則有四篇。

〔註 37〕即〈陳勝項籍傳〉、〈張耳陳餘傳〉、〈魏豹田儋韓信傳〉、〈韓彭英盧吳傳〉、〈荊燕吳傳〉、〈季布欒布田叔傳〉、〈高五王傳〉、〈蕭何曹參傳〉、〈張陳王周傳〉、〈樊酈滕灌傅靳周傳〉、〈張周趙任申屠傳〉、〈酈陸朱劉叔孫傳〉、〈淮南衡山濟北王傳〉、〈萬石衛直周張傳〉、〈文三王傳〉、〈爰盎鼂錯傳〉、〈張馮汲鄭傳〉、〈賈鄒枚路傳〉、〈竇田灌韓傳〉、〈景十三王傳〉、〈李廣蘇建傳〉、〈衛青霍去病傳〉、〈公孫弘卜式兒寬傳〉、〈嚴朱吾丘主父徐嚴終王賈傳〉，共二十四篇。

3	〈魏豹田儋韓信傳〉	魏豹	〈魏豹彭越列傳〉	合傳之主角
		田儋	〈田儋列傳〉	單傳之主角
		韓信	〈韓信盧綰列傳〉	合傳之主角
4	〈韓彭英盧吳傳〉	韓信	〈淮陰侯列傳〉	單傳之主角
		彭越	〈魏豹彭越列傳〉	合傳之主角
		英布	〈黥布列傳〉	單傳之主角
		盧綰	〈韓信盧綰列傳〉	合傳之主角
		吳芮	〈項羽本紀〉	單傳之附傳
5	〈荊燕吳傳〉	劉賈（荊王）	〈荊燕世家〉	合傳之主角
		劉澤（燕王）	〈荊燕世家〉	合傳之主角
		劉濞（吳王）	〈吳王濞列傳〉	單傳之主角
6	〈季布欒布田叔傳〉	季布	〈季布欒布列傳〉	合傳之主角
		欒布	〈季布欒布列傳〉	合傳之主角
		田叔	〈田叔列傳〉	單傳之主角
7	〈高五王傳〉	劉肥（齊悼惠王）	〈齊悼惠王世家〉	單傳之主角
		劉如意（趙隱王）	〈呂太后本紀〉	單傳之附傳
		劉友（趙幽王）	〈呂太后本紀〉	單傳之附傳
		劉恢（趙共王）	〈呂太后本紀〉	單傳之附傳
		劉建（燕靈王）	〈呂太后本紀〉	單傳之附傳
8	〈蕭何曹參傳〉	蕭何	〈蕭相國世家〉	單傳之主角
		曹參	〈曹相國世家〉	單傳之主角
9	〈張陳王周傳〉	張良	〈留侯世家〉	單傳之主角
		陳平	〈陳丞相世家〉	單傳之主角
		王陵	〈陳丞相世家〉	單傳之附傳
		周勃	〈絳侯周勃世家〉	單傳之主角
10	〈樊酈滕灌傅靳周傳〉	樊噲	〈樊酈滕灌列傳〉	合傳之主角
		酈商	〈樊酈滕灌列傳〉	合傳之主角
		夏侯嬰（滕公）	〈樊酈滕灌列傳〉	合傳之主角
		灌嬰	〈樊酈滕灌列傳〉	合傳之主角
		傅寬	〈傅靳蒯成列傳〉	合傳之主角
		靳歙	〈傅靳蒯成列傳〉	合傳之主角
		周緤	〈傅靳蒯成列傳〉	合傳之主角

<table>
<tr><td rowspan="5">11</td><td rowspan="5">〈張周趙任申屠傳〉</td><td>張蒼</td><td>〈張丞相列傳〉</td><td>單傳之主角</td></tr>
<tr><td>周昌</td><td>〈張丞相列傳〉</td><td>單傳之附傳</td></tr>
<tr><td>趙堯</td><td>〈張丞相列傳〉</td><td>單傳之附傳</td></tr>
<tr><td>任敖</td><td>〈張丞相列傳〉</td><td>單傳之附傳</td></tr>
<tr><td>申屠嘉</td><td>〈張丞相列傳〉</td><td>單傳之附傳</td></tr>
<tr><td rowspan="5">12</td><td rowspan="5">〈酈陸朱劉叔孫傳〉</td><td>酈食其</td><td>〈酈生陸賈列傳〉</td><td>合傳之主角</td></tr>
<tr><td>陸賈</td><td>〈酈生陸賈列傳〉</td><td>合傳之主角</td></tr>
<tr><td>朱建</td><td>〈酈生陸賈列傳〉</td><td>合傳之附傳</td></tr>
<tr><td>婁敬（後賜姓劉）</td><td>〈劉敬叔孫通列傳〉</td><td>合傳之主角</td></tr>
<tr><td>叔孫通</td><td>〈劉敬叔孫通列傳〉</td><td>合傳之主角</td></tr>
<tr><td rowspan="3">13</td><td rowspan="3">〈淮南衡山濟北王傳〉</td><td>劉長（淮南厲王）</td><td>〈淮南衡山列傳〉</td><td>合傳之主角</td></tr>
<tr><td>劉賜（衡山王）</td><td>〈淮南衡山列傳〉</td><td>合傳之主角</td></tr>
<tr><td>劉勃（濟北貞王）</td><td>〈淮南衡山列傳〉</td><td>合傳之附傳</td></tr>
<tr><td rowspan="5">14</td><td rowspan="5">〈萬石衛直周張傳〉</td><td>石奮（萬石君）</td><td>〈萬石張叔列傳〉</td><td>合傳之主角</td></tr>
<tr><td>衛綰</td><td>〈萬石張叔列傳〉</td><td>合傳之附傳</td></tr>
<tr><td>直不疑</td><td>〈萬石張叔列傳〉</td><td>合傳之附傳</td></tr>
<tr><td>周仁</td><td>〈萬石張叔列傳〉</td><td>合傳之附傳</td></tr>
<tr><td>張歐</td><td>〈萬石張叔列傳〉</td><td>合傳之主角</td></tr>
<tr><td rowspan="3">15</td><td rowspan="3">〈文三王傳〉</td><td>劉武（梁孝王）</td><td>〈梁孝王世家〉</td><td>單傳之主角</td></tr>
<tr><td>劉參（代孝王）</td><td>〈梁孝王世家〉</td><td>單傳之附傳</td></tr>
<tr><td>劉揖（梁懷王）</td><td>〈梁孝王世家〉</td><td>單傳之附傳</td></tr>
<tr><td rowspan="2">16</td><td rowspan="2">〈爰盎鼂錯傳〉</td><td>爰盎</td><td>〈袁盎鼂錯列傳〉</td><td>合傳之主角</td></tr>
<tr><td>鼂錯</td><td>〈袁盎鼂錯列傳〉</td><td>合傳之主角</td></tr>
<tr><td rowspan="4">17</td><td rowspan="4">〈張馮汲鄭傳〉</td><td>張釋之</td><td>〈張釋之馮唐列傳〉</td><td>合傳之主角</td></tr>
<tr><td>馮唐</td><td>〈張釋之馮唐列傳〉</td><td>合傳之主角</td></tr>
<tr><td>汲黯</td><td>〈汲鄭列傳〉</td><td>合傳之主角</td></tr>
<tr><td>鄭當時</td><td>〈汲鄭列傳〉</td><td>合傳之主角</td></tr>
<tr><td rowspan="4">18</td><td rowspan="4">〈賈鄒枚路傳〉</td><td>賈山</td><td colspan="2">新增人物</td></tr>
<tr><td>鄒陽</td><td>〈魯仲連鄒陽列傳〉</td><td>合傳之主角</td></tr>
<tr><td>枚乘</td><td>〈魯仲連鄒陽列傳〉</td><td>合傳之附見</td></tr>
<tr><td>路溫舒</td><td colspan="2">新增人物</td></tr>
</table>

19	〈竇田灌韓傳〉	竇嬰	〈魏其武安侯列傳〉	合傳之主角
		田蚡	〈魏其武安侯列傳〉	合傳之主角
		灌夫	〈魏其武安侯列傳〉	合傳之附傳
		韓安國	〈韓長孺列傳〉	單傳之主角
20	〈景十三王傳〉	劉德（河間獻王）	〈五宗世家〉	合傳之主角
		劉閼（臨江哀王）	〈五宗世家〉	合傳之主角
		劉榮（臨江閔王）	〈五宗世家〉	合傳之主角
		劉餘（魯恭王）	〈五宗世家〉	合傳之主角
		劉非（江都易王）	〈五宗世家〉	合傳之主角
		劉端（膠西于王）	〈五宗世家〉	合傳之主角
		劉彭祖（趙敬肅王）	〈五宗世家〉	合傳之主角
		劉勝（中山靖王）	〈五宗世家〉	合傳之主角
		劉發（長沙定王）	〈五宗世家〉	合傳之主角
		劉越（廣川惠王）	〈五宗世家〉	合傳之主角
		劉寄（膠東康王）	〈五宗世家〉	合傳之主角
		劉乘（清河哀王）	〈五宗世家〉	合傳之主角
		劉舜（常山憲王）	〈五宗世家〉	合傳之主角
21	〈李廣蘇建傳〉	李廣	〈李將軍列傳〉	單傳之主角
		蘇建	〈衛將軍驃騎列傳〉	合傳之附傳
22	〈衛青霍去病傳〉	衛青	〈衛將軍驃騎列傳〉	合傳之主角
		霍去病	〈衛將軍驃騎列傳〉	合傳之主角
23	〈公孫弘卜式兒寬傳〉	公孫弘	〈平津侯主父列傳〉	合傳之主角
		卜式	〈平準書〉	書之附傳
		兒寬	〈儒林列傳〉	類傳之主角
24	〈嚴朱吾丘主父徐嚴終王賈傳〉	嚴助（或因避諱而改書為莊助）	〈酷吏列傳〉	類傳之附傳
		朱買臣	〈酷吏列傳〉	類傳之主角
		吾丘壽王	新增人物	
		主父偃	〈平津侯主父列傳〉	合傳之主角
		徐樂	〈平津侯主父列傳〉	合傳之附傳
		嚴安	〈平津侯主父列傳〉	合傳之附傳
		終軍	〈南越列傳〉	單傳之附見
		王褒	新增人物	
		賈捐之	新增人物	

根據上表，可發現《漢書》此一時期的合傳，主要引用《史記》篇章約四十一篇，將其人物重組為二十四篇，其中除了保留原有的主要人物，更增加許多本處從屬地位之人物為主角，或新增人物，此為其合傳人數大幅提高之因，也反映出班固與太史公觀點的相異：太史公認為應分為兩篇者，班固以為關係密切；太史公認為事跡不足或與主旨關聯性不高者，班固則以為應列為主述，顯示二人判定人物關係密切與否的標準不同，而對人物與篇旨的相關性，以及各合傳立傳之旨等看法亦有出入。

蔡師信發曾於〈《史記》、《漢書》合傳之平議〉一文中，以《史記》各體檢視《漢書》合傳，並據此將其分為以《史記》「本紀」、「世家」為合傳；析《史記》「合傳」，改增他傳為合傳；萃《史記》「世家」為合傳；聚《史記》「單傳」抽取「合傳」、「附傳」為合傳；併《史記》二「合傳」為合傳集《史記》「世家」、「附傳」為合傳；以《史記》「單傳」為合傳；取《史記》「合傳」、「書」、「類傳」為合傳等八類〔註38〕。今參酌此分類，而不用《史記》各體為檢視角度，專以其敘事主從關係出發，並因班固襲改手法之別，分為三大類、十三小項，分述如下，以釐清《漢書》各合傳重組《史記》人物之法，及其背後所隱含的《史》、《漢》相異處：

一、重合或合併《史記》篇章

（一）與《史記》合傳重合者：〈張耳陳餘傳〉、〈爰盎鼂錯傳〉、〈景十三王傳〉、〈衛青霍去病傳〉。

（二）併《史記》單傳為合傳：〈陳勝項籍傳〉、〈蕭何曹參傳〉。

（三）併《史記》合傳為合傳：〈樊酈滕灌傅靳周傳〉、〈張馮汲鄭傳〉。

（四）併《史記》單傳、合傳為合傳：〈荊燕吳傳〉、〈季布欒布田叔傳〉。

《史記》是《漢書》重要的參考史料，於年限重合的部份往往取自《史記》，稍加更改而已，而由標目觀之，即可知此類合傳直接取材自《史記》篇章，於《漢書》重組《史記》人物的各合傳中，對太史公原意更動較少。此下又可細分為與《史記》篇章重合、合併《史記》單傳、合併《史記》合傳，以及合併《史記》單傳與合傳等四小類。班固直接沿用該篇主要人物，顯示

〔註38〕詳見蔡師信發：〈《史記》《漢書》合傳之平議〉，收錄於《第四屆漢代文學與思想學術研討會論文集》，臺北市：國立政治大學中國文學系，二〇〇三年四月初版。頁六九～八一。

其認同太史公合篇之識，而直接合併兩篇者，則說明除去認同太史公擇人之明、取材之當外，班固更以為這些人物間有截斬不斷的聯繫，應合為一篇而不當兩分。其著眼點與太史公不同，篇旨亦有參差，然何者所取較為適宜，則須更進一步探討。

二、以《史記》本傳增入附傳人物為主角

（一）以《史記》單傳，增入附傳人物為主角：〈高五王傳〉、〈張周趙任申屠傳〉、〈文三王傳〉、〈李廣蘇建傳〉。

（二）以《史記》合傳，增入附傳人物為主角：〈淮南衡山濟北王傳〉、〈萬石衛直周張傳〉。

（三）併《史記》單傳，增入附傳人物為主角：〈張陳王周傳〉。

（四）併《史記》合傳，增入附傳人物為主角：〈酈陸朱劉叔孫傳〉。

（五）併《史記》單傳、合傳，增入附傳人物為主角：〈竇田灌韓傳〉。

此類合傳是以《史記》篇章為基底，提升附傳人物為主述而成，下又可分為五種類型：以單傳為基底、以合傳為基底、合併單傳為基底、合併合傳為基底，以及合併單傳、合傳為基底，而增入的附傳人物，亦有原屬本傳與原屬他傳之異。附傳因其人可記而其事甚少，不能獨立成篇，班固將之抽出，合入本傳為主述，必然造成該篇人物比重差距極大的情形，若更由他篇裁取相關材料，於原處僅言「語在某傳」，則該篇有閱讀難暢之虞，而增入他傳的附傳為主述，更需考量是否適宜置於該傳。此外，太史公、班固何以置人物於不同主從位置，附傳的提升是否影響該篇傳旨等，皆有討論空間。

三、析離《史記》合傳，改組並新增人物

（一）析《史記》合傳，改增他傳為合傳：〈魏豹田儋韓信傳〉。

（二）析《史記》合傳，改增他傳、附傳人物為主角：〈韓彭英盧吳傳〉。

（三）析《史記》合傳，改增附傳人物為主角：〈公孫弘卜式兒寬傳〉。

（四）析《史記》合傳，改增附傳、新增人物為主角：〈賈鄒枚路傳〉、〈嚴朱吾丘主父徐嚴終王賈傳〉。

此類合傳是析離《史記》合傳，僅取其一主要人物，與他傳主角或附傳人物合而成篇，下又可細分為增入他傳為合傳、增入他傳及附傳為合傳、增入附傳為合傳、增入附傳及新增人物為合傳等四種類型。太史公有意以《史記》成

一家之言，取裁二人合為一傳，是各有其欲彰之旨以喻後世，而班固分別原合傳人物，以之與他傳、附傳人物相合成傳，其意旨定與太史公原意相異，十分值得探究，而這些人物適宜相合與否，亦為可論之處。此類合傳經班固重新切割鎔裁而成，手法較前兩類繁複，更能展現其與太史公相異的心裁。

由《史記》至《漢書》，合傳的形式、內容皆略有不同。形式上，篇數由三十四篇增加至四十六篇，比例由〇．三四約提高至〇．六六，而標目表現型態更大異其趣。《史記》命題多方，有姓名具出、唯書姓氏、稱之以「子」、稱之以「生」、稱其統稱、稱其爵號、稱其封國、稱其時稱、稱其官職、稱以約數等十種形式，充分展現太史公不受拘束之性，並以此借藏寓意，表其心語，而《漢書》則以姓名具出、唯書姓氏、稱以約數等三種命題法為主要表現形式，較為齊整。內容上可由單篇合傳人數與人物組成型態兩方面分述之。《史記》合傳單篇人數以二人合篇為主，《漢書》雖仍以此為眾，然三人以上同篇者已大幅提高，顯示單篇合傳人數增多的趨勢，而人物組成型態上，《史》、《漢》表現一致，皆有取生活於同時且行事交相集者為合傳、取生活於同時，然一生行事無交集者為合傳、取生活於不同時代者為合傳等三種形式。人物組合形式雖同，然同一批人物組成的集合，於太史公、班固二人，亦可能碰撞出相異的火花，更遑論二人所組出的眾多不同人物組合。

綜觀二書的合傳，可發覺《漢書》重組《史記》人物的手法，大致可歸納出重合或合併《史記》篇章、以《史記》本傳增入附傳人物為主角、析離《史記》合傳，改組並新增人物等三大類，下又可細分為十三小項。循此三類仔細探究，可知太史公、班固於人物組合的考量有何不同，而由此亦可顯出《史》、《漢》合傳核心相異之處，值得更進一步申論之。

第參章　《漢書》重合與合併《史記》篇章的合傳

《史》、《漢》合傳的相異，須經比較方可得知。比較須建立於同一基礎之上，故本論文以《史》、《漢》時代重合的合傳為研究對象，取敘事主從關係為切入角度，探討太史公組合《史記》合傳人物，以及《漢書》合傳重組《史記》人物背後所隱藏的作者意識，循此瞭解太史公與班固擇取合傳人物的觀點異同處。由是取《漢書》合傳二十四篇，由敘事主從角度出發，並因班固襲改手法之別，將之分為重合與合併《史記》篇章、以《史記》本傳增入附傳人物為主角、析離《史記》合傳，改組並新增人物等三大類。

本章主要討論對象為第一大類：《漢書》重合與合併《史記》篇章的合傳。其下可細分出與《史記》合傳重合者、併《史記》單傳為合傳、併《史記》合傳為合傳、併《史記》單傳、合傳為合傳等四類，共計涵蓋《漢書》合傳十篇、《史記》傳體十六篇。下分四節討論之。

第一節　與《史記》合傳重合的合傳

此類為《漢書》直接重合《史記》合傳者，共有〈張耳陳餘傳〉、〈爰盎鼂錯傳〉、〈景十三王傳〉、〈衛青霍去病傳〉等四篇，即《史記》的〈張耳陳餘列傳〉、〈袁盎鼂錯列傳〉、〈五宗世家〉、〈衛將軍驃騎列傳〉。由標目觀之，則由《史》至《漢》無甚更動。張耳、陳餘、袁盎、鼂錯仍全錄姓名，而僅以「爰」

字取代「袁」；太史公因「同母者為宗親」〔註 1〕而以「五宗」總括景帝十三子，表其分屬不同生母，班固則以同為景帝子而總其數為「景十三王」，例同於〈文三王傳〉、〈武五子傳〉，先明其父子相承，繼以總數，使人一目瞭然。清人王鳴盛（西元一七二二～一七九七）認為「〈五宗世家〉凡十三人，皆景帝子，以其母五人所生，號為五宗，殊屬無理」〔註 2〕，班固將之改為〈景十三王傳〉，是適宜之舉。《漢書》於篇目的命題有傾向統合齊整之勢，而〈衛將軍驃騎列傳〉改為〈衛青霍去病傳〉，不稱其官職而全稱姓名，即為一顯例，其他如《史記》〈蕭相國世家〉、〈曹相國世家〉、〈李將軍列傳〉、〈平津侯主父列傳〉等諸篇人物，《漢書》亦直以蕭何、曹參、李廣、公孫弘等全名標目，整齊劃一，使此一趨向展露無遺。

內容上，因人物集合未有變動，事類相重，而僅於字句略有更改，或補足太史公所未及見者，顯示班固認同太史公的觀點，以為其人物組合間關係密切且適當，然各篇相合的焦點卻有同與不同，同者如〈張耳陳餘傳〉、〈衛青霍去病傳〉，異者則有〈爰盎鼂錯傳〉、〈景十三王傳〉，反映出二人對人物組合的相異看法。以下分由焦點相同、焦點相異兩部分說明之。

一、與《史記》焦點相同者：《漢書》〈張耳陳餘傳〉、〈衛青霍去病傳〉

《史記．張耳陳餘列傳》記載張、陳二人同為大梁人，皆魏地名士，從遊甚密，而陳餘較年少，侍奉張耳如父。二人有刎頸交誼，且有鴻鵠之志，於陳涉起義時雙雙投奔，然其計不用而僅為校尉，故於隨武信君武臣攻打趙地時遊說之，使其自立為趙王，張耳得為右丞相，陳餘則為大將軍。武臣死後，復立趙歇為趙王。後趙王與張耳俱困於鉅鹿城，情況危急而求救於陳餘，然數月以來，陳餘皆因兵少難敵秦軍而不敢出兵。張耳大怒，以為故人忘義，使張黶、陳澤責之，而陳餘認為俱死無益，應留有用身以待他日反擊，使主張俱死立信的張、陳二人先領五千人向秦軍發動攻擊。二人全軍覆沒，而眾援軍只敢坐壁上觀，直至項籍引兵來救，才破解此一困局。張耳、陳餘亦因此有了心結。後兩人相見，張耳怨責陳餘，以其不肯救趙，且不信張黶、陳澤已敗死秦軍，疑

〔註 1〕見〔漢〕司馬遷著，（日本）瀧川龜太郎注：《史記會注考證．五宗世家》，高雄市：麗文文化事業股份有限公司，二〇〇〇年九月初版。頁八一一上左。

〔註 2〕見〔清〕王鳴盛著，黃曙輝點校：《十七史商榷．〈五宗世家〉條》，上海市：上海書店，二〇〇五年初版。頁二八～二九。

其為陳餘所殺。陳餘亦怒張耳之疑，謂其以為己愛將軍名位，而解印授推予張耳。張耳愕然不受，然於陳餘暫離席時，又被說客說動，收其印信與軍隊。陳餘由此亦怨張耳。後項羽分封諸侯，以張耳從之入關而封為常山王，而陳餘僅得侯。陳餘益怒，趁齊王田榮叛楚時，借兵攻打張耳，張耳因此投奔漢營。陳餘更於漢營尋求同盟時，以張耳人頭為條件答應出兵，後察漢竟欺己而叛之。漢三年（西元前二〇四），張耳與韓信斬陳餘於泜水邊，並追殺趙王歇。張耳立為趙王，後二年，薨。

細觀二人一生行事相從，不能須臾離。同為大梁人，同為名士，同有大志，共通點多，前半生共同進退，親愛有加而能為對方捨命，後半生則誤會糾葛，誓不兩立，非置對方於死地不可，一生緊密相繫，聲氣相依，是合傳的最佳典範。《史記．張耳陳餘列傳》後文記敘張耳後人事，而《漢書》亦僅補太史公未及見之事，皆無礙於篇旨。今人吳福助認為「此傳以張耳、陳餘之交為精神眼目。兩人出處同，事業同，即後來搆怨亦同，故俱以一筆雙寫，與〈廉頗藺相如傳〉同一格局」〔註3〕，指出此傳核心即在張陳之交，全文即針對二人關係而發，近人李景星（西元一八七六～一九三四）則以為本篇合傳「以『由此，陳餘、張耳遂有隙』一句為通篇關鍵。以上步步寫其合，以下步步寫其離，活畫出一幅勢利交情態」〔註4〕，進一步點明本傳結構，及二人關係糾纏難分之狀。

太史公於篇末嘆曰：「張耳、陳餘始居約時，相然信以死，豈顧問哉！及據國爭權，卒相滅亡。何鄉者相慕用之誠，後相倍之戾也！豈非以利哉？名譽雖高，賓客雖盛，所由殆與太伯、延陵季子異矣〔註5〕。」利用反問語句，委婉帶出二人實為勢利交之義。前所謂刎頸交誼，不過建立於無利害關係之上，一旦利害攸關，則真貌立現，毫無情誼可言。班固更於贊語中直接批評「勢利之交，古人羞之，蓋謂是矣」〔註6〕，嚴厲指出此種交遊實不可取。由此可知，

〔註3〕見吳福助：《史記解題》，《掌故叢書》〇〇六冊，臺北市：河洛圖書出版社，一九七九年四月臺初版。頁一一四～一一五。

〔註4〕見李景星著，韓兆琦、俞樟華校點：《四史評議》，《舊籍新刊》，湖南省長沙市：岳麓書社，一九八六年十一月初版。頁八二。

〔註5〕見〔漢〕司馬遷著，（日本）瀧川龜太郎注：《史記會注考證．張耳陳餘列傳》，高雄市：麗文文化事業股份有限公司，二〇〇〇年九月初版。頁一〇二八下右。

〔註6〕見〔漢〕班固著，〔清〕王先謙注：《漢書補注．張耳陳餘傳》，第二冊（全二冊），臺北市：藝文印書館，一九五五年六月初版。頁九三五上左。

班固認同太史公以「勢利之交」為全文主眼，以為張耳、陳餘二人關係密切難分，必為合傳，方能得其意旨，藉二人的交態諷喻後人。

《史記・衛將軍驃騎列傳》記漢代名將，以衛青與霍去病合傳。衛、霍二人為舅甥關係，因衛氏而接連獲幸於天子，且征討匈奴有功，為將得侯，一時顯赫無比。全文以「天幸」為眼〔註7〕，處處稱天子詔下封賞，然一旦失寵，則如摧枯拉朽，遽然滅跡，而每戰之後必載匈奴入犯，兩相合計則失過於得，顯示武帝好兵之舉並未為漢朝帶來利益，而「兩軍之出塞，塞閱官及私馬，凡十四萬匹，而復入塞者，不滿三萬匹」〔註8〕一語，更透露出華美聲名之下，盡是戰爭對人民的摧折與國力的損耗。衛皇后受寵而後衛青見用，屢建戰功而後霍去病從之出征，其受天子眷寵更勝衛青，勢力攀比依附而上，互為借力而此長彼消，衛的門客皆往從霍，衛氏榮寵畢集於霍去病一身，而其病故後，衛氏家族亦迅速衰敗，更顯天子愛弛之速。二人出身同為衛氏外戚，皆有戰功且「能知時變，以保祿位」〔註9〕，其勢相倚而不能兩分，宜其合為一傳，而附傳眾將領皆以一「從」字明其與衛青、霍去病寵辱相連，應附入該傳。《漢書・衛青霍去病傳》全用《史記》所載，略作增刪而成，附傳人物則有沿用附入、提升入他傳等情形，其贊則沿用太史公曰，僅更動數字、語氣不同而已，顯示班固認同《史記》合衛、霍二人同傳，以之錄漢武一朝名將，揭示當時對匈奴用兵的情形，及其對民生的影響，然《史記》置此傳於〈匈奴列傳〉、〈平津侯主父列傳〉之間，前後參照，可得漢初至武帝時對匈奴的政策，而《漢書》按時序臚列置傳，則少此意。

二、與《史記》焦點相異者：《漢書》〈爰盎鼂錯傳〉、〈景十三王傳〉

《漢書・爰盎鼂錯傳》雖沿用《史記》人物組合，但卻是《史》、《漢》對人物見解差異極大的一傳。《史記・袁盎鼂錯列傳》記載袁、鼂二人皆為文、

〔註7〕陳仁錫：「子長作一傳，必有一主宰，如〈李廣傳〉以『不遇時』三字為主，〈衛青傳〉以『天幸』二字為主。」見〔漢〕司馬遷著，〔明〕陳仁錫評：《史記》卷一〇九（全一百三十卷，共二十四冊），明崇禎元年刊本。頁十。現藏於國家圖書館善本書室。

〔註8〕見〔漢〕司馬遷著，（日本）瀧川龜太郎注：《史記會注考證・衛將軍驃騎列傳》，高雄市：麗文文化事業股份有限公司，二〇〇〇年九月初版。頁一一七九上左。

〔註9〕見〔清〕何焯著，崔高維點校：《義門讀書記・第十四卷・史記下》，冊一（全三冊），《學術筆記叢刊》，北京市：中華書局，二〇〇六年六月初版三刷。頁二二七。

景帝時人，彼此嫌隙甚深。袁盎以其兄故，得為中郎，數直諫於上，得用，太史公稱其「常引大體忼慨」〔註10〕，然於其大義凜然之言前，皆略加數語以顯其私，非專為君國設想，且所載多與人相傾軋之事，可想見其器量狹小、習與人爭；鼂錯學刑名而以文學進用，太史公稱其「為人陗直刻深」〔註11〕，以辯得幸景帝而所言皆聽，寵傾九卿，與諸大功臣不合，後竟以此死於非命。太史公以「敢犯顏色以達主義，不顧其身，為國家樹長畫」〔註12〕作此合傳，前者所指為袁盎，認為他能無畏直諫，其勇可表，後者則為鼂錯作評，讚其盡忠為國謀，然袁、鼂二人相合，卻非僅因如此。吳福助指出本傳實因袁盎、鼂錯二人的特點而合：

> 袁盎狠戾陰毒，其源出於盜；鼂錯峭直刻深，本學申商刑名來。袁盎犯顏直諫，公直可嘉，惟生平狹詐，每借公言以報私仇，初非盡忠一意為君者也。其初詘周勃，以嘗為呂祿舍人故；後明周勃無罪，似乎無我至公，實則以周勃之怨其兄而頓轉面孔。其諫趙談驂乘乃正論也，實則恐其害己；戒申屠嘉禮士乃善言也，實則愧其輕己。鼂錯為國計本忠，袁盎乃藉口誅鼂錯，以報私忿，其卒為梁刺殺之，有天道哉！至鼂錯恃寵肆志，為國遠慮，謫削諸侯。反聞既至，鼂錯不急籌兵食，進賢智，乃先事私仇，此固舉國所切齒者也。兩人皆陰鷙為性，至今讀之，猶令人畏惡〔註13〕。

透過分析，吳福助認為太史公是以其人事相傾不能分、性情相類有典型而合此二人，其一生勢如水火，兼之心性陰狠，卒相滅亡，不得善終。由此傳可知，陰毒成性之人即使得勢一時，亦難有善終。太史公對袁、鼂二人的評價不一，由贊語可察覺評袁盎時仍帶一絲和緩，於鼂錯則嚴厲指其「變古亂常，不死則

〔註10〕見〔漢〕司馬遷著，（日本）瀧川龜太郎注：《史記會注考證．袁盎鼂錯列傳》，高雄市：麗文文化事業股份有限公司，二〇〇〇年九月初版。頁一〇九三上左。

〔註11〕見〔漢〕司馬遷著，（日本）瀧川龜太郎注：《史記會注考證．袁盎鼂錯列傳》，高雄市：麗文文化事業股份有限公司，二〇〇〇年九月初版。頁一〇九五下左。

〔註12〕見〔漢〕司馬遷著，（日本）瀧川龜太郎注：《史記會注考證．太史公自序》，高雄市：麗文文化事業股份有限公司，二〇〇〇年九月初版。頁一三四五上右。

〔註13〕見吳福助：《史記解題》，《掌故叢書》〇〇六冊，臺北市：河洛圖書出版社，一九七九年四月臺初版。頁一二四～一二五。

亡」〔註14〕，認為其主張變更成法，擾亂社會倫常，殞命收場是必然結局，與班固之評頗有出入。《漢書·爰盎鼂錯傳》仍以此人物組合為傳，於袁盎部份不多更改，於鼂錯部份則增收其不少政論，如〈言兵事疏〉、〈守邊備塞疏〉、〈賢良對策〉等，顯示班固以為策論為其代表之作，有傳世價值，然由「時賈誼已死，對策者百餘人，唯錯為高第」〔註15〕一語，可知於其心中，賈誼與之同屬當時政論代表，若非是時賈誼不存，豈能由鼂錯專美於前？《漢書》更增寫眾大臣彈劾鼂錯一節，而以「錯殊不知。乃使中尉召錯，紿載行市。錯衣朝衣斬東市」〔註16〕描繪出鼂錯一心為國遠謀，竟遭背棄的可憐、可嘆，較《史記》言「及竇嬰、袁盎進說，上令鼂錯衣朝衣斬東市」〔註17〕，更突顯出殺鼂錯是天子不敢當面直言之舉。傳末贊語稱鼂錯「銳於為國遠慮，而不見身害」〔註18〕、「錯雖不終，世哀其忠」〔註19〕，肯定其對漢朝的貢獻，與太史公結評大相逕庭。《史記》以刻深為能合袁、鼂二人，太史公曰亦對此而發，《漢書》雖承其而來，人物組合亦沿用不改，然於贊語則強調二人正面的特質，陰毒刻深之旨遂隱，反為吳、楚叛亂事件的旁支。

另一篇組合相同而焦點相異者為〈景十三王傳〉。太史公以「五宗既王，親屬洽和，諸侯大小為藩，爰得其宜，僭擬之事稍衰貶矣」〔註20〕作〈五宗世家〉，藉此記錄諸侯相處融洽的情形，認為僭越禮制之舉已漸不復見，然意旨卻應由傳末太史公曰找尋：

> 高祖時諸侯皆賦，得自除內史以下，漢獨為置丞相，黃金印。諸侯自除御史、廷尉正、博士，擬於天子。自吳楚反後，五宗王世，漢

〔註14〕見〔漢〕司馬遷著，（日本）瀧川龜太郎注：《史記會注考證·袁盎鼂錯列傳》，高雄市：麗文文化事業股份有限公司，二〇〇〇年九月初版。頁一〇九七上右。

〔註15〕見〔漢〕班固著，〔清〕王先謙注：《漢書補注·爰盎鼂錯傳》，第二冊（全二冊），臺北市：藝文印書館，一九五五年六月初版。頁一〇九二下右。

〔註16〕見〔漢〕班固著，〔清〕王先謙注：《漢書補注·爰盎鼂錯傳》，第二冊（全二冊），臺北市：藝文印書館，一九五五年六月初版。頁一〇九三下右。

〔註17〕見〔漢〕司馬遷著，（日本）瀧川龜太郎注：《史記會注考證·袁盎鼂錯列傳》，高雄市：麗文文化事業股份有限公司，二〇〇〇年九月初版。頁一〇九六下右。

〔註18〕見〔漢〕班固著，〔清〕王先謙注：《漢書補注·爰盎鼂錯傳》，第二冊（全二冊），臺北市：藝文印書館，一九五五年六月初版。頁一〇九三下左。

〔註19〕見〔漢〕班固著，〔清〕王先謙注：《漢書補注·爰盎鼂錯傳》，第二冊（全二冊），臺北市：藝文印書館，一九五五年六月初版。頁一〇九四上右。

〔註20〕見〔漢〕司馬遷著，（日本）瀧川龜太郎注：《史記會注考證·太史公自序》，高雄市：麗文文化事業股份有限公司，二〇〇〇年九月初版。頁一三四三下右。

為置二千石，去丞相曰相，銀印。諸侯獨得食租稅，奪之權。其後諸侯貧者或乘牛車也〔註21〕。

太史公是以此傳記錄諸侯勢力逐漸衰落之狀，反映漢初由郡國並行走向高度集權的過渡情形。《漢書・景十三王傳》沿《史記》的記敘架構，增補不少太史公未及見者，並對河間獻王、魯恭王於古籍保存流傳的貢獻及其過程多加敘述，補《史記》之闕，顯示班固對文獻保存的重視。傳末贊語針對諸侯王驕奢僭禮而發，分析其因，認為富貴權勢使人性格腐敗，僅讚美河間獻王為卓爾不群之人，身處其境而不移品行，與太史公所欲表達者相異。

由以上四篇，可知同一人物組合於太史公、班固之眼中，焦點或有相異，開展於筆下即有不同的結評，顯露出作者二人心性之別與眼光獨到之處，而相異的人物組合則更能展現出太史公、班固二人的不同風貌。

第二節　合併《史記》單傳的合傳

此類為《漢書》合併《史記》單傳為合傳者，計有二篇：〈陳勝項籍傳〉合併了《史記》〈陳涉世家〉與〈項羽本紀〉，〈蕭何曹參傳〉則合併《史記》〈蕭相國世家〉與〈曹相國世家〉。二篇標題皆直取人物姓名相合而成，整齊劃一，不若《史記》靈活運用稱之以「字」、稱其官職等標目法命題，以之表露太史公所重之處。單傳因其人生平可載之事繁多，而以一人獨立成篇，肯定其歷史定位，合傳則藉關係密切的人事，表達作者意旨，立傳擇人的考量必然與單傳不同。《漢書》取《史記》單傳合為一傳，其著重點為何、與《史記》何以相異、是否適宜等，皆為本節所欲探究者，以下即就〈陳勝項籍傳〉、〈蕭何曹參傳〉二傳分別討論之。

一、《漢書・陳勝項籍傳》

陳勝，字涉。《史記》以其字命篇為〈陳涉世家〉，因「桀、紂失其道而湯、武作，周失其道而春秋作。秦失其政，而陳涉發跡，諸侯作難，風起雲蒸，卒亡秦族。天下之端，自涉發難」〔註22〕，而置其於世家一體，將其揭竿起義之

〔註21〕見〔漢〕司馬遷著，（日本）瀧川龜太郎注：《史記會注考證・五宗世家》，高雄市：麗文文化事業股份有限公司，二〇〇〇年九月初版。頁八一五下右。

〔註22〕見〔漢〕司馬遷著，（日本）瀧川龜太郎注：《史記會注考證・太史公自序》，高雄市：麗文文化事業股份有限公司，二〇〇〇年九月初版。頁一三四二下左。

舉比擬為湯武革命，認為其影響之所及，雖百代而可見。據《史記．陳涉世家》記載，陳勝少有大志，後被徵戍時，因大雨失期而秦法嚴苛，罪當死，即與吳廣詐以公子扶蘇、楚將項燕之號起義避死，並假神鬼之名威服群眾。是時天下苦秦久矣，陳勝一朝起義即勢如破竹，自立為王，號為張楚。一時各地豪傑紛紛響應，隱隱有戰國群雄割據之勢。不久，陳勝因用人不明、決策錯誤，而對戰者為秦之強將章邯，造成戰況連連失利敗退，後其御者割取其首，向秦投誠。陳勝為王，僅立六月，葬於碭。

項籍，字羽。《史記》以其「非有尺寸，乘勢起隴畝之中，三年遂將五諸侯滅秦。分裂天下而封王侯，政由羽出，號為霸王」〔註23〕，有掌握天下實權之實，將其歸入本紀一體，是為〈項羽本紀〉。項籍出身於楚國武將世家，少時學書、學劍、學兵法，皆不肯竟，然才氣過人，有大志，而其叔項梁奇之。叔姪二人聞陳勝起義，相謀而起，即定江東，遂領八千精兵渡江而西，自此一路向西擊秦。因陳勝亡而用范增計，立楚國後裔為楚懷王以從民意，造成日後為獨攬大權，必負弒君之罪。後章邯敗亡項梁，轉圍趙王歇、張耳於鉅鹿，各路軍兵皆不敢救，作壁上觀。楚王使宋義為將，領項籍等往救，宋義卻一再延宕時日，項籍忍無可忍，斬之並奪其兵權往救趙，破釜沉舟而為鉅鹿一戰，大敗章邯，威震群雄。高祖此時卻已早一步進入咸陽，依先入咸陽者為王之約，當為王。項籍欲入函谷關時遭遇阻攔，又聞高祖早已入關，大怒，強行入關，駐軍鴻門，欲攻之。高祖得知消息後，急往謝罪，而項籍竟輕易使之兔脫，失去殺高祖的大好時機。屠咸陽城、毀秦宮室後，項籍尊楚懷王為義帝，大封諸侯，自立為西楚霸王。不久，驅義帝前往長沙，暗令衡山、臨江王擊殺之。時各路諸侯皆有騷動，如高祖併關中一帶，而齊、趙兩王不服項籍所封，顯示逐鹿中原之爭並未結束。項籍先輕信高祖不欲與楚為敵而北攻齊，後聞之欲伐楚而回頭攻漢，於彭城大戰時因天候失利而被高祖脫逃，再度喪失轉敗為勝之機。後又中反間計疏離范增。其間曾有幾度差點抓到高祖，皆未成功。最終又輕信高祖，與之相約半分天下，而遭其趁弱攻擊，被困垓下，突圍後又被追擊至烏江邊，戰至最後一兵一卒，自刎而亡。

由生平觀之，陳、項二人雖處於同時，卻無交集。《史記》將之分別立傳為〈陳涉世家〉、〈項羽本紀〉，是依自身體例而為。陳勝揭竿起義，掀起秦末

〔註23〕見〔漢〕司馬遷著，（日本）瀧川龜太郎注：《史記會注考證．項羽本紀》，高雄市：麗文文化事業股份有限公司，二〇〇〇年九月初版。頁一五二下左。

群雄爭霸之潮，與先前的商湯伐桀、武王伐紂等以諸侯起義者不同，是平民階層革命的第一人，為後世革命的先鋒，其創舉影響百代甚鉅。世家所傳的人物，皆因其「事有大於列傳」〔註24〕。陳勝為王，有地有民，如同古代諸侯，雖僅止六個月，卻不能因在位日淺而一概抹殺。其所舉措，群雄響應，舉世震動，流風千年不息，亦可視為傳世久遠之證。太史公傳世家，並不純以為王日久者入之，與陳勝同屬平民而入世家者，尚有孔子。孔子以其為平民之師的第一人，其所創的儒家思想流衍千年，影響深遠而入世家。此二世家可證太史公智識高絕，其所取材皆有所當，創世家一體以涵蓋周代以來治權演變的軌跡，而秦、漢之際為王者傳世多不久，故所取者皆以影響漢世深遠為準則。因此，陳勝入世家為適宜之舉。

項籍以世家子弟出身，與其叔項梁率眾響應陳勝起義，獲得江東一帶後，領兵渡江向西擊秦。此後屢戰屢勝，銳不可擋，卒有天下。雖因范增計而立楚國後裔為王，尊為義帝，然絲毫不影響其宰制天下、分封諸侯之舉，隨後更殺之以確保無人位於其上，其勢已達巔峰。後雖敗於高祖之手，未及開朝立代，然於秦、漢之際，掌有天下大權是事實，而《史記》本紀一體，所載皆為握有天下實權的人物，置項籍於此，是注重其實質而非以成敗論之。《史記》為一通史，太史公欲以之通貫古今，而對於掌握天下脈動之人不能無所載錄，故立本紀以記之。秦末局勢動盪，由秦王子嬰獻降（西元前二〇七）至高祖漢王五年（西元前二〇二）一統天下之間，項籍有分封諸侯之實，行天子之權，因而不能不入本紀，與《漢書》斷代為史，以漢為尊，非漢正統而不能立於本紀者，自有所別。

《漢書》去除世家體例，且以漢家正統為尊，故陳勝不屬世家、項籍不入本紀，此亦依其自身體例而為。近人陳漢章（西元一八六三～一九三八）對此作了評論：

> 秦二世元年陳涉首發難，山東五諸侯各以陳王署置，並起亡秦；項羽獨分裂天下而封王侯，政由羽出。自漢有天下，後論之陳、項不過群盜耳，適足為漢祖驅除，而上自秦代論之，陳涉一六國後之方伯也，項羽一三王後之霸王也。《禮記》、《春秋傳》不能不推共工氏

〔註24〕見〔宋〕林駉：《古今源流至論後集．卷九》，《景印文淵閣四庫全書．子部第九四二冊》，臺北市：臺灣商務印書館股份有限公司，一九八六年三月初版，頁二九五上右～上左。

為王天下之君；《史記》之書，上包帝王，原非斷代為書之比，安得不以諸侯推陳王，以霸王推項羽？君子觀《漢書》列陳、項於列傳，有以知馬、班之例不同也〔註25〕。

其以為《史》、《漢》之所以將陳勝、項籍配置入不同體例，是因其書之所重有相異處，根本原因即在於《史記》為一通史，而《漢書》為一斷代史。太史公欲紹繼孔子的《春秋》、「通古今之變」而作通史，以融貫古今為訴求，故無論周、秦、楚、漢，皆平等視之，其言秦楚之際為「五年之閒，號令三嬗」〔註26〕，是直以楚承秦後，漢則又承楚後而來，不因掌權時日短淺而泯滅這段史實；班固以為「雖堯、舜之盛，必有典謨之篇，然後揚名於後世，冠德於百王」〔註27〕，若無文獻記錄流傳，則後世無以得知曾有的功業，而有漢一代，雖有《史記》記述之，卻是與秦、項等霸權等同視之，且漢武太初以後的史實缺乏記載，是美中不足之處。班固不滿此情形，故述《漢書》。《史》、《漢》的成書動機原不相同，明人胡應麟（西元一五五一～一六〇二）以為「史遷列羽紀也，班氏列羽傳也，各有當焉。遷通史前代，雖秦、楚弗容貶也；班獨史當代，雖唐、虞不得詳也」〔註28〕，其語亦可為《史》、《漢》此間差異作注。

《漢書》將陳勝、項籍二人合為〈陳勝項籍傳〉，序次第一，為入漢的首篇，二人非以功業大小排先後，而以時序為重。內容上，於陳勝部份全襲《史記・陳涉世家》，僅少數字句有更動情形，而於項籍部分，則將有關高祖之處移入《漢書・高帝紀》，省略、改寫較多，然立傳主旨仍須透過其〈敘傳〉及傳末贊語的分析，方能顯現。《漢書・敘傳》以「上嫚下暴，惟盜是伐，勝、廣熛起，梁、籍扇烈。赫赫炎炎，遂焚咸陽，宰割諸夏，命立侯王，誅嬰放懷，詐虐以亡」〔註29〕四十個字，述立傳之因，簡練說明秦末天下大勢，並

〔註25〕見〔清〕陳漢章：《綴學堂初稿・卷二》，全四卷，清光緒間（一八七五～一九〇八）刊本。頁一。現藏於中央研究院傅斯年圖書館。

〔註26〕見〔漢〕司馬遷著，（日本）瀧川龜太郎注：《史記會注考證・秦楚之際月表》，高雄市：麗文文化事業股份有限公司，二〇〇〇年九月初版。頁二九八上左。

〔註27〕見〔漢〕班固著，〔清〕王先謙注：《漢書補注・敘傳》，第二冊（全二冊），臺北市：藝文印書館，一九五五年六月初版。頁一七七二上右。

〔註28〕見〔明〕胡應麟撰：《少世山房筆叢・卷十三・乙部・史書佔畢一・內篇》上冊（全二冊），《讀書箚記叢刊》第二集，臺北市：世界書局，一九八〇五月再版。頁一七七。

〔註29〕見〔漢〕班固著，〔清〕王先謙注：《漢書補注・敘傳》，第二冊（全二冊），臺北市：藝文印書館，一九五五年六月初版。頁一七七五上左。

指出秦因暴虐而導致滅亡，而繼起者不思改正，終究不得善果。篇末贊語亦重申所指，引用賈誼〈過秦〉及《史記・項羽本紀》的太史公曰，闡明秦朝衰敗原因為「仁誼不施」〔註30〕，而陳、項乘勢暴起，卻也倏然殞落，原因仍在於「欲以力征經營天下」〔註31〕，而非施以仁義，總結出以暴制暴非天下長治久安之道。輔以〈高帝紀〉「漢承堯運，德祚已盛，斷蛇著符，旗幟上赤，協于火德，自然之應，得天統矣」〔註32〕一語，則不難見出班固以漢為有德，是天下依歸的正統，陳、項二人僅為漢代先導而已。班固以此傳簡明描繪出秦、漢之際群雄紛擾之狀，作為入漢的背景，取陳、項為材，實屬情理之中，然即以此合二人為傳，未免過於輕易，陳勝、項籍是否適宜合為一傳，應再進一步探討。

合傳須取關係密切之人相合，陳、項一生未嘗謀面，兵陣不曾對決，表面似乎毫無關聯，然由其生平際遇與性格觀之，則有極相似之處。日人有井範平以為陳勝相較於項籍，「譬之畫，彼大幅而此小幀耳。蓋涉之為人、氣概精神，與羽相似而小者也」〔註33〕，認為二者有許多方面神似，而分析其人，則可知此說其來有自。秦末百姓漸不耐官府高壓勢力，民間積怨甚深，陳勝揭竿而起，一呼百應，各地蜂起者眾，而獨項籍能懾服群雄，分封諸王，一始倡，一稱霸，是秦末逐鹿之風由陳勝起，至項籍時達於巔峰。欲述此紛亂時期，則不可不敘此二人，而其餘諸家紛紛，僅足附傳而已。陳、項少年即顯大志，皆暴起而成事，陳勝為王僅六個月，項籍稱霸亦不過五年，其興起之疾、殞落之速，十分雷同。陳勝因輕信人言而殺故人，使得「諸故人皆自引去，由是無親勝者」〔註34〕，又信用苛察不正之人治下，「諸將以故不親附」〔註35〕，喪失「人和」這

〔註30〕見〔漢〕班固著，〔清〕王先謙注：《漢書補注・陳勝項籍傳》，第二冊（全二冊），臺北市：藝文印書館，一九五五年六月初版。頁九二九下左。

〔註31〕見〔漢〕班固著，〔清〕王先謙注：《漢書補注・陳勝項籍傳》，第三冊（全二冊），臺北市：藝文印書館，一九五五年六月初版。頁九三〇上左。

〔註32〕見〔漢〕班固著，〔清〕王先謙注：《漢書補注・高帝紀》，第一冊（全二冊），臺北市：藝文印書館，一九五五年六月初版。頁五九下右。

〔註33〕詳見〔明〕凌稚隆輯校，〔明〕李光縉增補，（日本）有井範平補標：《補標史記評林・卷四十八・陳涉世家第十八》第三冊（全五冊），臺北市：蘭臺書局，一九六八年十一月初版。頁一。

〔註34〕見〔漢〕班固著，〔清〕王先謙注：《漢書補注・陳勝項籍傳》，第二冊（全二冊），臺北市：藝文印書館，一九五五年六月初版。頁九一九下右。

〔註35〕見〔漢〕班固著，〔清〕王先謙注：《漢書補注・陳勝項籍傳》，第二冊（全二冊），臺北市：藝文印書館，一九五五年六月初版。頁九一九下右。

一要件，終至被其車伕暗殺成功，而項籍「為人意忌信讒」〔註36〕，輕信陳平反間計，氣走一心為楚的軍師范增，且「其所任愛，非諸項即妻之昆弟，雖有奇士不能用」〔註37〕，又不捨爵祿，「使人有功，當封爵，刻印刓，忍不能予」〔註38〕，導致功不能賞，於過有罰，是故有才有功者往往叛逃，如陳平、韓信皆改從高祖，損己利敵，流失許多人才，而每下一處，常有屠城燒殺之舉，更曾坑殺降軍，致使喪失民心等等，皆使項籍失去「人和」要素，終至慘敗。陳、項初起之時，沸沸揚揚，頗有氣吞天下之勢，最終卻以亡命失敗作結，關鍵即在於「人」：陳勝識人不明而項籍於人不能信愛，故始善而終非。

陳、項二人皆有大志，其事業歷程皆暴起倏落，失敗關鍵皆為失人和，而秦末風潮以陳勝發端，承以項籍，終至高峰，看似不曾相交，實則息息相關。班固《漢書》以斷代為限，非劉氏正統不入本紀，裁取陳、項合為一傳，以敘秦、漢交接之際，十分適宜。

二、《漢書・蕭何曹參傳》

據《史記・蕭相國世家》所載，蕭何，與高祖同為沛縣豐邑人，因熟習法令條文，秦時任沛縣主吏事之官，頗有能，然御史欲薦之上時，卻不願受薦。曾數次維護高祖，並厚待之。不久，高祖於沛起事，蕭何隨之而主掌庶事，於戰時留守後方，擔任後勤補給、填撫軍民之責，往往於高祖亟需兵員、糧草時，解其燃眉之急。漢軍進入咸陽後，眾人皆爭金帛財物，而蕭何獨收秦朝律令圖書，由此得知天下地形要塞之處，與戶口多寡、人民所困苦者，對高祖助益極大。後又推薦韓信，使漢軍得到一名強將。雖然，高祖仍疑其後方鎮撫是欲攏絡軍民，以為已用。蕭何乃急從鮑生之計，遣宗室子弟入軍以釋君疑。漢室底定後，計功以蕭何為最，高祖稱其為「功人」〔註39〕，其餘皆「功狗」而已，

〔註36〕見〔漢〕班固著，〔清〕王先謙注：《漢書補注・張陳王周傳》，第二冊（全二冊），臺北市：藝文印書館，一九五五年六月初版。頁一〇〇二下左。

〔註37〕見〔漢〕班固著，〔清〕王先謙注：《漢書補注・張陳王周傳》，第二冊（全二冊），臺北市：藝文印書館，一九五五年六月初版。頁一〇〇二下右。

〔註38〕見〔漢〕班固著，〔清〕王先謙注：《漢書補注・韓彭英盧吳傳》，第二冊（全二冊），臺北市：藝文印書館，一九五五年六月初版。頁九四二上左。

〔註39〕《史記・蕭相國世家》：「漢五年，既殺項羽定天下，論功行封。群臣爭功，歲餘功不決。高祖以蕭何功最盛，封為酇侯，所食邑多。功臣皆曰：『臣等身被堅執銳，多者百餘戰，少者數十合，攻城略地，大小各有差。今蕭何未嘗有汗馬之勞，徒持文墨議論不戰，顧反居臣等上，何也？』高帝曰：『諸君知獵乎？』曰：『知之。』『知獵狗乎？』曰：『知之。』高帝曰：『夫獵追殺獸兔者，狗也，

並使其朝拜位次為第一，以示恩寵。其後，呂后與蕭何謀殺韓信。高祖方平陳豨叛軍，聞韓信已死，遣使拜蕭何為相國，更益封地置侍衛。召平說蕭何，以為益封置衛之舉是上恐其謀反，蕭何從其計而捐家產以佐軍需，去除高祖疑心。不久，又因得百姓心、功高震主，使高祖心生猜忌，即使捐出所有仍不能釋其疑時，則用客謀，強買民地以自汙聲名，方得君歡。後為民請上林苑空地為田，使高祖大怒，以為其自媚於民，因而下獄治罪。最後因王衛尉進說而勉強釋之。蕭何不與曹參交好，然病篤時卻薦曹參繼任相國。素治家以儉，卒於惠帝二年（西元前一九五），謚文終侯。

太史公以其於楚漢相爭之時，「填撫山西，推計踵兵，給糧食不絕，使百姓愛漢，不樂為楚」〔註40〕，立為〈蕭相國世家〉，肯定蕭何對漢室建立的貢獻，並認為蕭何「謹守管籥，因民之疾奉法，順流與之更始」〔註41〕，使漢初社會得以休養生息，鞏固漢祚綿延之基，「功臣莫得比焉」〔註42〕，故置於世家。蕭何一心輔佐，使高祖無後顧之憂，卻仍遭到疑忌，四陷險境，幸賴鮑生、召平、門客、王衛尉而得脫，寓有「漢家為臣大不易」之慨。謹慎多疑能於亂世中得保全身，然一心為主仍多次遭忌，不免教人心寒。

《史記．曹相國世家》記載曹參其人，次於〈蕭相國世家〉。曹參，沛人。秦時任沛縣掌獄之官，與蕭何同為縣的豪長。高祖初起時以親信身分跟隨之，而楚漢相爭時，常從韓信四處征戰，表現不俗，迅速累積不少戰功。太史公言其「攻城野戰之功，所以能多若此者，以與淮陰侯俱」〔註43〕，認為曹參戰功

而發蹤指示獸處者，人也。今諸君徒能得走獸耳，功狗也，至如蕭何，發蹤指示，功人也，且諸君獨以身隨我，多者兩三人，今蕭何舉宗數十人，皆隨我，功不可忘也。』群臣皆莫敢言。」顯示高祖以為蕭何功最高，而鮑生之計果釋其疑，且更鞏固其心中蕭何忠誠之形象。詳見〔漢〕司馬遷著，（日本）瀧川龜太郎注：《史記會注考證．蕭相國世家》，高雄市：麗文文化事業股份有限公司，二〇〇〇年九月初版。頁七七六上右｜上左。

〔註40〕見〔漢〕司馬遷著，（日本）瀧川龜太郎注：《史記會注考證．太史公自序》，高雄市：麗文文化事業股份有限公司，二〇〇〇年九月初版。頁一三四三上右｜上左。

〔註41〕見〔漢〕司馬遷著，（日本）瀧川龜太郎注：《史記會注考證．蕭相國世家》，高雄市：麗文文化事業股份有限公司，二〇〇〇年九月初版。頁七七八上左｜下右。

〔註42〕見〔漢〕司馬遷著，（日本）瀧川龜太郎注：《史記會注考證．蕭相國世家》，高雄市：麗文文化事業股份有限公司，二〇〇〇年九月初版。頁七七八上左。

〔註43〕見〔漢〕司馬遷著，（日本）瀧川龜太郎注：《史記會注考證．曹相國世家》，高雄市：麗文文化事業股份有限公司，二〇〇〇年九月初版。頁七八三下右。

的累積，是因為跟從韓信所致，然實際上，曹參自參戰以來，常建功績，不僅止於屬軍韓信之時，且自高祖初起就追隨左右，不曾稍改，不似韓信後期才加入，是為群臣公認的第一功臣〔註44〕。漢朝建立後，高祖以長子劉肥為齊王，而用其為齊相，鎮撫當地，並平定尚未降服之勢力。曹參相齊，先召盡當地的長老、儒生，為治齊找尋適宜之法，最後從蓋公之言，用黃老之術相齊九年，使得齊國安定繁榮，被稱為賢相。惠帝二年（西元前一九五），聞蕭何卒，斷定自己必接任相國。不久，果然被急召繼任。曹參始與蕭何交好，直至二人為將相之時，反有嫌隙，然蕭何病危時，所推賢者卻只有曹參。曹參臨去，囑託接任齊相者「以齊獄市為寄，慎勿擾也」〔註45〕，毋苛治人民，致使奸惡之人無所容身，反鋌而走險，讓治安更加敗壞、社會更加不安，而其治漢家天下亦如是：謹守蕭何所約束者，無所更改、不苛治人民小過。惠帝怪其無所從事，特命參子試探不成，最後當面探問，才得知原因：蕭何法令善明，遵而不失，天下即可垂拱而治，惠帝方心服口服。為漢相國三年而卒，諡為懿侯。

太史公以其「與信定魏，破趙拔齊，遂弱楚人。續何相國，不變不革，黎庶攸寧。嘉參不伐功矜能，作〈曹相國世家〉」〔註46〕，認為曹參前半生戰功彪炳，是一名厲害武將，後半生從事文職，蕭規曹隨，天下大治，出將入相皆有成就，難能可貴。不僅能幫助高祖打下天下，也採用合宜策略，遵循蕭何的政令，使政策得以始終，百姓得以安居樂業，且不因自身功績而驕矜，對比漢初眾多功高震主的功臣，盡忠職守、無為而治的表現，使其得保全身。因其對開創、奠定漢朝基礎貢獻極大，與蕭何同置於世家。

蕭、曹生於同時，對漢朝的開創與穩定同有貢獻，太史公肯定二人特質的相異，認為蕭何有填撫後方、制定漢初政策之能，的確為相國之材，而曹參為

〔註44〕《史記・蕭相國世家》：「列侯畢已受封。及奏位次，皆曰：『平陽侯曹參，身被七十創，攻城略地，功最多，宜第一。』」當時高祖初得天下，論功行賞，堅持蕭何之功為最大，認為蕭為「功人」，餘為「功狗」，群臣皆莫敢言，而論及朝堂位次時，群臣皆言曹參當為第一，明顯與高祖看法不同，顯示群臣心中之第一功臣，實為曹參。詳見〔漢〕司馬遷著，（日本）瀧川龜太郎注：《史記會注考證・蕭相國世家》，高雄市：麗文文化事業股份有限公司，二〇〇〇年九月初版。頁七七六上左。

〔註45〕見〔漢〕司馬遷著，（日本）瀧川龜太郎注：《史記會注考證・曹相國世家》，高雄市：麗文文化事業股份有限公司，二〇〇〇年九月初版。頁七八二上左。

〔註46〕見〔漢〕司馬遷著，（日本）瀧川龜太郎注：《史記會注考證・太史公自序》，高雄市：麗文文化事業股份有限公司，二〇〇〇年九月初版。頁一三四三上左。

將為相皆能有為，且不恃功而驕，實屬難得，二人不僅影響漢朝深遠，亦足為後世將相的典範，故分別立為世家。《漢書》以蕭、曹二人合為〈蕭何曹參傳〉，必有欲表之意。該傳承《史記》二傳增補、續寫而成，與之有別處即在於此。據《史記》二傳描述，蕭、曹二人皆為沛縣人，同為縣內有權能的長者，早於高祖起義前便已友好，而高祖一起義，兩人便從之出入，始終如一，然其間卻生了嫌隙。即使如此，蕭何病篤時推薦的卻是曹參，而曹參也知道蕭何必定薦己，顯示兩人對彼此仍有相當的了解。關於二人的交集，《史記》僅以曹參「秦時為沛獄掾，而蕭何為主吏，居縣為豪吏矣」〔註47〕、「參始微時，與蕭何善。及為將相有卻。至何且死，所推賢為參」〔註48〕輕輕帶過，過程留下許多空白，然亦因此見出太史公以為二人的聯繫只有兩點：先交好，後結怨；蕭何薦曹參繼任。班固以蕭、曹為合傳，應是認為二人關係密不可分，由其〈敘傳〉「猗與元勳，包漢舉信，鎮守關中，足食成軍，營都立宮，定制修文。平陽玄默，繼而弗革，民用作歌，化我淳德。漢之宗臣，是謂相國。述蕭何曹參傳」〔註49〕觀之，前六句指蕭何的功績，接著四句則指曹參，二人用「繼而弗革」四字作連結，而以「漢之宗臣，是謂相國」總結之，顯示班固所重者在「蕭規曹隨」，以及二人皆為宗臣為相國的身分，其傳贊亦稱「二人同心，遂安海內」〔註50〕，肯定蕭、曹政策相沿之功，不僅對蕭何於楚漢相爭時所起的作用不多著墨，更忽略了曹參文武雙才、不驕所能的個人特質。

《漢書》〈陳勝項籍傳〉、〈蕭何曹參傳〉皆合併《史記》單傳而成，與之立意大不相同。《史記》從通史的角度出發，以〈陳涉世家〉褒美陳勝為平民起義第一人，又以〈項羽本紀〉肯定秦末漢初時項籍的霸王地位，《漢書》則因其為斷代史，而以尊崇漢室為先決，合陳、項為一傳來說明秦、漢之際群雄蜂起的情形。陳、項二人皆有大志，且遭遇起伏相似，成敗關鍵皆為人和，而秦末起義風潮由陳勝領起，引出項籍、高祖等人，至項籍稱霸、分封諸侯時，

〔註47〕見〔漢〕司馬遷著，（日本）瀧川龜太郎注：《史記會注考證・曹相國世家》，高雄市：麗文文化事業股份有限公司，二〇〇〇年九月初版。頁七七九上左。

〔註48〕見〔漢〕司馬遷著，（日本）瀧川龜太郎注：《史記會注考證・曹相國世家》，高雄市：麗文文化事業股份有限公司，二〇〇〇年九月初版。頁七八二上左。

〔註49〕見〔漢〕班固著，〔清〕王先謙注：《漢書補注・敘傳》，第二冊（全二冊），臺北市：藝文印書館，一九五五年六月初版。頁一七七六上右～上左。

〔註50〕見〔漢〕班固著，〔清〕王先謙注：《漢書補注・蕭何曹參傳》，第二冊（全二冊），臺北市：藝文印書館，一九五五年六月初版。頁九九五上右。

達於頂點。兩人雖不曾往來，其實則密不可分，合為一傳更隱有「以暴制暴，終非正道」之義，令人深思。《史》、《漢》以不同視角看待陳、項，而有單傳、合傳的安排，皆是依自身體例而為，各有所當。反觀蕭何、曹參二人，其關係則不若陳、項密切。《史記》以〈蕭相國世家〉肯定蕭何於楚漢相爭時發揮的作用，讚美其為相國之才，並寓「漢家為臣大不易」之意，〈曹相國世家〉則褒美曹參為將為相皆能有為，對漢朝創立與奠基有極大貢獻。蕭、曹是不同類型的人才，個人特質鮮明。蕭何於戰亂時能安撫人心、招募軍民，於咸陽時又能慧眼獨具，收秦朝戶口圖冊等，是輔佐之才；曹參本善於攻城野戰，然退守文職時，卻能不掩己缺，廣徵良策以安齊，具征伐之威而能不恥下問，無論處於何職，皆用心盡責，實是能臣典範。二人分而述之，不僅可表其功，亦可為後世標明楷模，《漢書》則合為一傳，獨取「蕭規曹隨」之意，以官職、政策沿用而相合，體例齊整，與《史記》立蕭、曹為單傳的考量則相去遠矣。

第三節　合併《史記》合傳的合傳

此類合傳是《漢書》合併《史記》合傳而成，共有二篇：〈樊酈滕灌傅靳周傳〉、〈張馮汲鄭傳〉，分別合《史記》〈樊酈滕灌列傳〉、〈傅靳蒯成列傳〉，以及〈張釋之馮唐列傳〉、〈汲鄭列傳〉。由以上篇名觀之，《史記》四篇列傳使用了稱其爵號、姓名具出、惟書姓氏等三種命名法，相較之下，《漢書》只取姓氏連綴成篇名，是整齊許多，但命為〈樊酈滕灌傅靳周傳〉卻使人有些疑惑。蒯成，是周緤的封號，班固不稱之為「蒯成」而取「周」置於篇題，是惟書姓氏之法，而同理之下，滕為夏侯嬰的爵號之一，班固應取其姓氏置篇題，而非以封號。《漢書》篇名稱封爵者，僅此一篇，故應為《漢書》少見的篇名錯雜現象。

同為合傳，人物群組不同，立篇之旨、人物間的繫聯，便可能有所不同。於《史記》以為關係密切的群組中，《漢書》取其中二者以相合，其間的考量、人物關係的緊密度、傳旨轉移與否等，皆可能與《史記》有別，值得加以討論。以下取〈張馮汲鄭傳〉分析之。

一、《史記‧張釋之馮唐列傳》

張釋之，字季。堵陽人。因兄長身家豐厚而為騎郎，事文帝十年，無所知名而欲辭之。袁盎知其賢，請徙之補謁者缺，因而得為上言秦、漢間事，獲文帝賞識。後從行上林苑，文帝因一小吏對苑中事務詳熟而欲超升之，其以口辯之風不宜長制止。文帝問明原因後，亦以為然。不久，太子與梁王入朝不下車，其秉公辦理，追止於殿門前。由是文帝對之青眼有加，然與太子有了嫌隙。從行至霸陵，文帝悲人生無常而欲經營厚葬時，以無可欲之物方可得全勸止，奠定文帝後來選擇薄葬之舉。為廷尉時，有一人犯蹕，交與廷尉治罪而僅判應罰金而已。文帝怒之，然其以法為天下所共遵，廷尉應持正為由，說服文帝。後有人盜高祖祀廟座前玉環，下廷尉治，其以為當斬首棄市。文帝怒，以為當誅其族，然其以罪有順逆之差說之，終使上服。當是時，條侯周亞夫、山都侯王恬開見其持法公正，與之結為親友。後景帝立，恐以舊嫌獲罪見誅，而用王生計，取重於天下，遂僅調為淮南王相。久之，卒。

馮唐，祖為趙人，以孝為郎署之長，事文帝。某次與文帝為言，帝對趙將廉頗、李牧心生嚮往，然其直言即使有之，帝仍不能用。文帝怒，使人責馮。後匈奴犯邊，文帝心懸邊防，復召馮唐問明何以有廉、李而不能用，馮則直指其失為「法太明，賞太輕，罰太重」〔註51〕，不能信用將領，並推重雲中郡守魏尚，以為可與古名將相比。時魏尚正因所獻首虜差六級，而削爵罰刑。文帝立使馮唐持節赦免之，官復原職，且拜馮為車騎都尉，主管中尉及郡國的車軍之士。景帝時，使馮為楚相，後竟免官。武帝時求舉賢良，而推舉出馮唐，然其時年已九十餘，不能負官職之勞，乃以其子為郎官，不復用馮唐。

根據《史記・張釋之馮唐列傳》敘述，張釋之、馮唐的生活年代有重疊部分，且皆事文帝，可能有所交集，然依其所載，卻無法看出二人是否有所往來，顯示太史公並非以雙方互動頻繁、非彼不能顯此的關係，黏合張、馮二人，實是另有關係貼合緊密處，而此或可由其太史公曰中尋覓得出：

> 張季之言長者，守法不阿意。馮公之論將率，有味哉，有味哉。語曰：「不知其人視其友。」二君之所稱誦，可著廊廟。書曰：「不偏不黨，王道蕩蕩。不黨不偏，王道便便。」張季、馮公近之矣〔註52〕。

太史公以為張釋之能遵守法制而不阿從上意，且以之說服上位者，使其遵守法

〔註51〕見〔漢〕司馬遷著，（日本）瀧川龜太郎注：《史記會注考證・張釋之馮唐列傳》，高雄市：麗文文化事業股份有限公司，二〇〇〇年九月初版。頁一一〇一下左。

〔註52〕見〔漢〕司馬遷著，（日本）瀧川龜太郎注：《史記會注考證・張釋之馮唐列傳》，高雄市：麗文文化事業股份有限公司，二〇〇〇年九月初版。頁一一〇二上右～上左。

度，不徇於一時衝動，實在難得，而馮唐論將率的一番話，直指當時漢政的嚴酷，致使縱得良將，亦無所發揮，意味十分深遠。文帝為漢初帝王中最能寬懷柔治的一位，然馮唐仍見其治下之苛，則其他不言可喻。其言雖論將率，實仍觸及漢法，與張釋之之言可相啟相發。於俗諺「不知其人視其友」後，讚張、馮之論值得刻於廊廟之中，作為傳世經典，則大有「不識其人聽其言」之意。由二人膽敢逆鱗的論法、論將之舉，可知其人素有抱負，正如所言皆可為經典一般，其為臣也，亦以「社稷臣」為職志，欲有利於國。太史公引《尚書》所言〔註 53〕來評論張、馮二人的作為，以為可使帝王不偏頗、不徇私，所行坦蕩，而不偏私愛佞，帝王也才能明辨道路，行所當行。張、馮所為實不負其志，為國盡責。太史公自言以「守法不失大理，言古賢人，增主之明」〔註 54〕為之立傳，指出無論是張釋之的堅守法理，或是馮唐的言古賢將之風，二者同樣能使主上明辨事理，進而舉措得當，故以之合二人為傳，其媒介即為「增主之明」。通篇所載皆張、馮的諫言，是以「論」為此傳的精神所在：因「論」而使法理清明，藉「論」而寫張、馮之人，更以之顯文帝深可其然的虛心納諫，側寫出當時君臣相處之狀。篇末太史公曰中，以親暱敬愛的語氣稱張、馮為「張季之」、「馮公」，並再三地稱許，是太史公激賞二人為臣處事之善的表露。

《漢書・張馮汲鄭傳》合併《史記》〈張釋之馮唐列傳〉與〈汲鄭列傳〉，其中前者，太史公以「增主之明」為媒合張、馮之介，並以「論」為眼，貫串該篇，而後者是否以相同介質媒合汲黯、鄭當時，以同一主眼貫篇，以至於班固認為應合併此二篇合傳，則須再進一步分析〈汲鄭列傳〉。

二、《史記・汲鄭列傳》

據《史記》所載，汲黯，字長孺，濮陽人，生於官宦世家。景帝時為太子洗馬，因為人莊重嚴謹而使人忌憚。武帝即位後，使其為謁者。當時東越發生內亂，武帝使往視之，然汲至吳地而返，報曰越人相攻為俗習，不足觀。河內失火，延燒千餘家，武帝又使之前往視察，回報曰火災延燒不足憂，而途經河

〔註 53〕《史記》所引，出於《尚書・洪範》，原文為「無偏無黨，王道蕩蕩；無黨無偏，王道平平」。引用時，《史記》將「無」改為「不」、「平」改為「便」。見《十三經注疏・尚書正義・周書・洪範》，臺北市：藝文印書館，一九七三年五月初版。頁一七三下右。

〔註 54〕見〔漢〕司馬遷著，（日本）瀧川龜太郎注：《史記會注考證・太史公自序》，高雄市：麗文文化事業股份有限公司，二〇〇〇年九月初版。頁一三四五上右。

南，見水旱災傷及萬餘家，以為情節重大，不及回報，便已先持節發倉糧賑災，請治矯制之罪。武帝以為賢而釋之，僅遷為滎陽縣令，然其恥之，稱病辭職。武帝聞之，召其拜為中大夫，但因常激切上諫而不得久留內廷。遷為東海太守時，以黃、老之術治政，把握大節而不苛求細末。雖因多病而不常出門，然東海大治，眾人稱譽。武帝聞之，又召回拜為主爵都尉，位列九卿。其為人性倨傲而少禮，不能容人之過而常直接斥責，與己相合者則善待，不合者則連見面都難以忍受，士亦因此不旁附之。品行修潔，好游俠之行，因喜直諫而常犯主上。與灌夫、鄭當時、劉棄友好，此三人亦常有直諫之舉。時武安侯田蚡以外戚權貴為丞相，然其見之不拜。當其時，武帝廣招天下儒者，欲施仁義之政，問之汲黯，而其直言，以為武帝內多欲而外施仁義，無法效法堯、舜，並多次與張湯、公孫弘等發生齟齬，當面斥責張湯之輩皆內懷詭詐而緣飾以智，阿從人主以求寵，專攻苛細以陷人於罪，以此為功，絕不可取。武帝及張湯、公孫弘等以此愈怒，欲藉事誅之，特派之往治多皇室貴族之區，然其治之數年，不曾有誤。衛青禮遇汲黯，過於半生，張湯、淮南王等卻皆忌憚之，而其雖屢次觸怒武帝，使之恚怒，但武帝亦曾讚其近於社稷之臣，是輔佐之材。其後，因細故犯法免官，隱居數年。適逢幣制改革，百姓多私鑄錢，而尤以楚地為甚。武帝因淮陽近楚，召汲為淮陽太守。汲黯上奏欲守內廷，而武帝強使之。汲黯以黃、老治之，淮陽果然大治。臨行前，汲黯曾拜訪李息，極言張湯的巧佞，望同為九卿之一的李息可以諫上，然李畏張湯，終不敢言。不久，張湯果敗，武帝聞汲與李息之言，免李之罪，而使汲以諸侯相的階級居淮陽，七年而卒。其親戚同輩有司馬安，景帝時與汲同為太子洗馬，其文深刻巧佞而善於仕宦，四至九卿，以河南太守卒。

鄭當時，字莊，陳地人。其先曾為項籍將，性直不屈，而鄭當時喜為任俠之舉，曾救張羽於急難之中，聲名遠播梁、楚之間。景帝時為太子舍人，仍常與各路賓客往來，通宵宴飲。喜好黃、老之言，傾慕長者，常恐無法見之，故雖年少官低，其交遊者卻皆為祖父一輩的有名之士。武帝時，累官至九卿，後因魏其侯竇嬰、武安侯田蚡之事而稍貶，遷為大農令。其為大吏時，誡門下待客無分貴賤，為人廉潔，而所得奉賜皆用以供養、餽贈交遊。與武帝閒談時，總言天下長者，並推薦各方能士，認為彼賢於己；與下屬相處，皆以禮待之，常恐傷其自尊；若聽聞善言，便進言於上，唯恐不及。山東諸士因此稱其「鄭莊」以尊之。武帝使其往視黃河潰堤，鄭請治行裝時，武帝引「鄭莊行千里不齎糧」的傳聞來打趣之，而鄭不敢置一辭。其在朝常趨和承上意，不敢力陳主張。及其晚年，賓客之中有因細故犯法者，罪及鄭，司馬安時為淮陽太守，發聞此事，而其陷罪免官，贖為庶人。不久，任丞相長吏，而武帝憐其老，以之為汝南太守，數年後卒於任上。

觀汲黯、鄭當時的生平，二人同為景帝時太子下屬，武帝時官至九卿，皆好黃、老之言，喜任俠之舉，人品修潔，然其性情、行為則大相逕庭。汲黯好直諫，不能容人之過，能士多不旁附，然其數次與得勢的張湯、公孫弘等角力，終雖不勝，而力陳己見、一心為國的耿介心思，實是武帝所稱道的社稷之臣；鄭當時有任俠之名，交遊廣闊，處事卻以和為要，不敢向武帝申明主張。汲、鄭二人自內在性格至外顯舉措，有同有異，而平日相善亦無特出之事，是太史公究竟以何者為二人相合之鑰？《史記．太史公自序》述此傳創作之因為「正衣冠立於朝廷，而群臣莫敢言浮說，長孺矜焉；好薦人，稱長者，壯有溉」〔註55〕，以「正衣冠立於朝廷，而群臣莫敢言浮說」兩句，點出汲黯「矜」的個人特質，描繪其為臣的嚴正不屈，於群臣之間猶如鶴立雞群的景象，其莊敬可為眾臣的表率；以「好薦人，稱長者」稱道鄭當時之「溉」，以為其知人有能甚於己者，必薦於上，而所言皆推重長者，是氣度恢宏，可納百川之徵。此段論述雖對汲、鄭二人的特質讚揚有加，卻未指出二人相合的關鍵。

窺其傳末「鄭莊、汲黯始列為九卿，廉，內行脩絜。此兩人中廢，家貧，賓客益落。及居郡卒後，家無餘貲財」〔註56〕一段，太史公將汲、鄭並列，明確指出二人性格、遭遇的相同處，更於太史公曰中，針對「人情澆薄皆勢利」一點，再舉出翟公為例，感慨世情，總合至「汲、鄭亦云」〔註57〕一句，反覆描繪，似是有所寄託。今人吳福助以為「贊語則史公自發感慨，其深情自朋友不救腐刑中來，實不專為汲、鄭也」〔註58〕，認為遭遇人情淡薄之境，是太史

〔註55〕據瀧川龜太郎考證：「楓三本，壯作莊。」而以「莊」字解讀，方能與「長孺矜焉」相對。見〔漢〕司馬遷著，（日本）瀧川龜太郎注：《史記會注考證．太史公自序》，高雄市：麗文文化事業股份有限公司，二〇〇〇年九月初版。頁一三四六上右。

〔註56〕見〔漢〕司馬遷著，（日本）瀧川龜太郎注：《史記會注考證．汲鄭列傳》，高雄市：麗文文化事業股份有限公司，二〇〇〇年九月初版。頁一二五二上右。

〔註57〕見〔漢〕司馬遷著，（日本）瀧川龜太郎注：《史記會注考證．汲鄭列傳》，高雄市：麗文文化事業股份有限公司，二〇〇〇年九月初版。頁一二五二上左。

〔註58〕見吳福助：《史記解題》，《掌故叢書》〇〇六冊，臺北市：河洛圖書出版社，一九七九年四月臺初版。頁一四四。

公、汲、鄭、翟公四人際遇起落的共通處，太史公再三悲嘆人情勢利，是因自身遭遇而發，並非專門針對汲、鄭二人而言。司馬安為汲黯的親戚，與之為人處事毫不相似，又是陷落鄭當時的關鍵人物，與二人皆有牽連，故附於此傳，然亦非緊密繫聯的關節所在。

漢初以來，朝廷推崇黃、老，採行與民休息的政策，至武帝朝始一變風氣，罷黜百家而獨尊儒，廣招天下學士，其中緣儒飾法者亦漸起，而汲黯、鄭當時二人雖處事風格不同，卻實為同一類人：仍崇尚黃、老，秉持無為，大處著眼而不苛求細項，與公孫弘、張湯等善承上意者不合，於武帝群臣之中別出一派。傳中以較長篇幅記述汲黯與公孫弘、張湯等人，甚至與武帝之間的角力，並藉其口針砭時政導向之誤，指出武帝信用者皆是「智足以拒諫，詐足以飾非，務巧佞之語，辯數之辭，非肯為天下言」〔註59〕之輩，其弊為「懷詐飾智，以阿人主取容，而刀筆吏專深文巧詆，陷人於罪，使不得反其真，以勝為功」〔註60〕，亦昭示出其後酷吏橫行之因。此傳後次〈儒林列傳〉，再次〈酷吏列傳〉，其線索亦可由此而得。

《漢書》合《史記》〈張釋之馮唐列傳〉與〈汲鄭列傳〉為〈張馮汲鄭傳〉，除略修字詞外，於四人的生平傳記並無更動。相同的人物材料，卻有不同的組合方式，是作者各依心中意旨裁斷而成。《史記》合張、馮二人以「增主之明」，其眼為「論」，表現出文帝朝的諫臣風貌，合汲、鄭則以二人為武帝朝黃、老派的代表，藉合傳表明其人之於時代的特殊性，而《漢書》合此二合傳，其宗旨則與《史記》有些出入。《漢書．敘傳》述作此傳是因「釋之典刑，國憲以平。馮公矯魏，增主之明。長孺剛直，義形於色，下折淮南，上正元服。莊之推賢，於茲為德」〔註61〕，認為四人作為皆有可錄之處，而此合傳的贊語則更淺白，以為「張釋之之守法，馮唐之論將，汲黯之正直，鄭當時之推士，不如是，亦何以成名哉」〔註62〕，明確指出四人分別以「守法」、「論將」、「正直」、

〔註59〕見〔漢〕司馬遷著，（日本）瀧川龜太郎注：《史記會注考證．汲鄭列傳》，高雄市：麗文文化事業股份有限公司，二〇〇〇年九月初版。頁一二五〇下左。

〔註60〕見〔漢〕司馬遷著，（日本）瀧川龜太郎注：《史記會注考證．汲鄭列傳》，高雄市：麗文文化事業股份有限公司，二〇〇〇年九月初版。頁一二四九下右。

〔註61〕見〔漢〕班固著，〔清〕王先謙注：《漢書補注．敘傳》，第二冊（全二冊），臺北市：藝文印書館，一九五五年六月初版。頁一七七七上左。

〔註62〕見〔漢〕班固著，〔清〕王先謙注：《漢書補注．張馮汲鄭傳》，第二冊（全二冊），臺北市：藝文印書館，一九五五年六月初版。頁一一〇二下左。

「推士」而成名當世，無論何者皆有利於國，而班固所重者即在於此，與太史公著眼於側寫當代風貌不同。

以合傳間的人物緊密度而言，三篇合傳的組合中，張釋之、馮唐同為文帝時臣，皆能犯顏直諫，而其言可取以為論法、論將率之準，時代重疊、作為相似、言論足以傳世，又能表現當時朝政的風氣，故關係最密。次之者為汲黯、鄭當時，二人皆為武帝時臣，遭遇相似，又相友善，然其性格與作為卻是一直一和，一為強硬，一為隨和，一常以言犯上，一則不敢力陳己見。二人雖皆有可觀之處，然彼此相合則不如張、馮緊密。若以二人為武帝朝黃老派代表視之，則可描寫出武帝朝時，崇尚黃、老之臣的境遇，是以合之。最疏者為四人相合的〈張馮汲鄭傳〉，除了無法表現時代風貌外，四人之間的關係，其密切尚不足以跨越時代來表現特殊意涵。張、馮、汲三人，皆能直諫，而鄭則否；汲、鄭生平際遇相類，與張、與馮皆不相同；班固贊許張、馮、鄭三人之處，在於「守法」、「論將」、「推士」，是直接以外顯行為而論，評汲則以其內隱性情為斷，此三點是四人相合時的參差之處。守法、論將、推士，皆是以對帝進言而達到效果，而汲黯由其性情出發，亦以言語為器，上則犯顏不諱，下則嘲諷巧佞，犀利至極。四人皆以言語為工具，而發振聾發聵之論，俱有益於國，故班固相合之，其精神意涵較近於〈張釋之馮唐列傳〉，而其人物關係則為三合傳中最疏。

本類的另一篇為〈樊酈滕灌傳靳周傳〉，於合併《史記》〈樊酈滕灌列傳〉、〈傅靳蒯成列傳〉時，亦同樣出現了篇旨轉移、人物關係較疏的情形。太史公自言以「攻城野戰，獲功歸報，噲、商有力焉。非獨鞭策，又與之脫難」〔註63〕作〈樊酈滕灌列傳〉，而傳末太史公曰則言「方其鼓刀、屠狗、賣繒之時，豈自知附驥之尾，垂名漢庭，德留子孫哉」〔註64〕，是以樊噲、酈商、夏侯嬰、灌嬰等四人，原皆為市井之徒而遇時立功，故得以戰績封侯，名垂後世，顯示出於楚、漢相爭的時代背景下，無名之輩亦可乘時翻身，建立功業。〈傅靳蒯成列傳〉則以「欲詳知秦、楚之事，維周緤常從高祖，平定諸侯」〔註65〕合傳

〔註63〕見〔漢〕司馬遷著，（日本）瀧川龜太郎注：《史記會注考證・太史公自序》，高雄市：麗文文化事業股份有限公司，二〇〇〇年九月初版。頁一三四四下左。
〔註64〕見〔漢〕司馬遷著，（日本）瀧川龜太郎注：《史記會注考證・樊酈滕灌列傳》，高雄市：麗文文化事業股份有限公司，二〇〇〇年九月初版。頁一〇六四下右。
〔註65〕見〔漢〕司馬遷著，（日本）瀧川龜太郎注：《史記會注考證・太史公自序》，高雄市：麗文文化事業股份有限公司，二〇〇〇年九月初版。頁一三四五上右。

寬、靳歙、周緤而成傳，三人皆為高祖從將，與之出入，自其初起時即追隨左右，累功至侯，故秦、漢之際的大小戰役，甚至是漢初征伐諸侯之舉，俱可由其功績看出端倪，藉以扼要說明此一時期的各種戰況。《漢書》合此二合傳，稱其為「攀龍附鳳，並乘天衢」〔註66〕，於贊則引俗諺「雖有茲基，不如逢時」〔註67〕，強調躬逢其時的效用，意旨上近似於〈樊酈滕灌列傳〉。就人物組合而言，《史記》將此七人裁為兩篇，分類較細緻，《漢書》以俱能乘時從高祖而建功封侯而合之，亦無不可，然傅、靳、周三人的際遇起伏較不能凸顯此一主旨，可轉為附傳。

透過分析《漢書》合併《史記》合傳者，可發現班固合併《史記》二合傳時，篇旨皆略有偏移，只取其一，而省略另一篇，顯示出班固對太史公原意的認同與取捨，而人物關係較《史記》為疏，考量上較不注重時代意義。太史公期許《史記》能通古今之變，故合傳人物時的考量中，是否能體現當時風貌亦為一要點，而此即為《漢書》所缺。

第四節　合併《史記》單傳、合傳的合傳

此類合傳是《漢書》合併《史記》單傳、合傳而成，共有二篇：〈荊燕吳傳〉、〈季布欒布田叔傳〉，分別合《史記》〈荊燕世家〉、〈吳王濞列傳〉，以及〈季布欒布列傳〉、〈田叔列傳〉。由標目可得知，《史記》命名此四篇傳文，使用了稱其爵號、姓名具出的方法，而《漢書》沿用，將之連綴成題。

所謂單傳，即指一人一傳，其形式原是因其人生平可載之事繁多，宜獨立成傳而出現，合傳則不然，是因二人或數人行事牽連緊密，關係密切而難以分割，故平等敘列，合為一傳。二者立因不同，其人物主從、平列等選擇與安排，所考量者亦不同。《漢書》合《史記》以為宜分作單傳、合傳者為一篇，其人物組合關係，定然與原篇大異其趣，而其篇旨是否融合原來二篇的意旨？或僅取用其一？或重新設置而與《史記》迴異？均值得深入探究。以下取〈荊燕吳傳〉分析之。

〔註66〕見〔漢〕班固著，〔清〕王先謙注：《漢書補注．敘傳》，第二冊（全二冊），臺北市：藝文印書館，一九五五年六月初版。頁一七七六上左。

〔註67〕見〔漢〕班固著，〔清〕王先謙注：《漢書補注．樊酈滕灌傳》，第二冊（全二冊），臺北市：藝文印書館，一九五五年六月初版。頁一〇二〇上右。

據《史記・荊燕世家》所載，荊王劉賈，為劉氏宗親之一，隨高祖四處征戰，常得任命而屢有功勞。漢六年（西元前二〇一）春，高祖廢楚王韓信為淮陰侯，欲分其地為二國，因其子幼且兄弟少，故劉賈得封為荊王。不久，淮南王黥布謀反，發兵東擊荊，劉賈不敵而敗走至富陵，被黥布軍隊所殺。

燕王劉澤，為劉氏遠親。高祖三年（西元前二〇四）時，得為郎中，至十一年（西元前一九六）時，方以將軍出擊陳豨有功，封營陵侯。後遇齊人田生游說，大悅而贈金。田生得金歸齊二年而無所為，劉澤使人責之。田生即為之謀於呂后近臣張子卿，使張請立呂氏為王，藉以順勢請立劉澤為琅邪王，以撫眾臣。後呂后派人追回旨意，而田生早已勸劉澤急行出關，故終得立。及呂后崩，與齊王劉襄合謀向西討伐諸呂，與諸將共立代王劉恆為帝，而劉澤改封為燕王。隔年，薨。

劉賈、劉澤二人生存年代重疊，然傳文之中，並無提及二人互動情形，無法判斷是否有所往來，故絕非因其相善且事有牽連而合傳。當其時，高祖初定天下，所封王者皆為異姓，而歷經諸王叛亂後，「欲王同姓以鎮天下」〔註68〕，將各地政權收歸於劉氏手中，但因「高祖子幼，昆弟少，又不賢」〔註69〕，故勢必於族親之中，選擇年紀較長且立有功績之人，劉賈遂因此受封為王。劉澤原為營陵侯，用計設局，而以宗親身分得分齊悼惠王劉肥之地為琅琊王，其後因滅諸呂有功，封為燕王。二人皆以宗親而得封，雖生平際遇不甚相似，甚至劉澤為封王，竟請立呂氏，然最終皆能發揮護翼劉氏政權的作用：劉賈因抵抗黥布叛變而亡；劉澤參與滅呂計畫，與大臣共立代王劉恆為帝。劉氏政權因同姓藩王的支持，終能步入穩定，不為外姓所奪。太史公以「天下未集，賈、澤以族為漢藩輔，作〈荊燕世家〉」〔註70〕，即是用其皆以皇親封王而能藩輔護衛，作為媒合二人的關鍵。太史公將此二人合傳，立入世家一體，是肯定劉賈、劉澤對漢室的貢獻，無之則抵禦異姓諸王、誅滅呂氏的力量即少一分，其結果或恐改寫，其影響不可不謂大，而〈荊燕世家〉一傳，除了肯定漢初劉氏宗親對政權的護衛之功，亦可稍稍表露出藩王間同姓漸強、異姓漸弱的情形。

〔註68〕見〔漢〕司馬遷著，（日本）瀧川龜太郎注：《史記會注考證・荊燕世家》，高雄市：麗文文化事業股份有限公司，二〇〇〇年九月初版。頁七六六下右。

〔註69〕見〔漢〕司馬遷著，（日本）瀧川龜太郎注：《史記會注考證・荊燕世家》，高雄市：麗文文化事業股份有限公司，二〇〇〇年九月初版。頁七六六下右。

〔註70〕見〔漢〕司馬遷著，（日本）瀧川龜太郎注：《史記會注考證・太史公自序》，高雄市：麗文文化事業股份有限公司，二〇〇〇年九月初版。頁一三四三上右。

《史記》〈荊燕世家〉用「以同姓宗親而為漢藩輔」合劉賈與劉澤成傳，而吳王劉濞亦同為劉氏宗親，同有諸侯王的封號，何以太史公不與前者合之而成〈荊燕吳世家〉？其因則須由〈吳王濞列傳〉中尋繹。

吳王劉濞，高祖子姪。高祖十一年（西元前一九六），黥布謀反，荊王劉賈被殺，高祖欲以盛年者為王，鎮撫吳、楚之地，然子皆年少，故立之為吳王。既立，高祖告誡同姓即為一家，勿反。時行黃老，天下休養生息，而吳有山海之利，招各方亡命之徒鑄錢、曬鹽，故聚財甚速，日益富饒。文帝時，吳太子入朝，與皇太子下棋而有爭執，遭太子擲棋盤殺之。劉濞慍怒，由此而失藩臣之禮，稱病不朝。文帝隱忍，賜其几杖，為之開脫不朝之罪，然其卻於國中收買人心，經過四十餘年，已有眾多人馬可供驅使。時景帝即位，鼂錯為御史大夫，上書疾陳吳王異心，遲早必反。景帝三年（西元前一五四）冬，楚王有罪，削地為罰，因而議削諸王地。其即與膠西王劉卬結盟，欲以誅鼂錯為名，一舉而併吞天下，更約及諸王，同時起事。其中城陽景王劉章未與此謀、齊王劉將閭自殺叛約，濟北王劉志為臣所劫，不得發兵。景帝遣太尉周亞夫等往擊叛逆，又採袁盎之計，殺鼂錯以平眾怨，然吳、楚已不受招撫。周亞夫聽門客鄧都策，斷吳軍後援，以梁國為盾，消損吳軍。梁國幾度求援，周亞夫始終按兵不動，而吳軍果敗。其領數千人暗夜逃往東越，而漢以利誘之，東越遂殺之。劉濞既死，吳軍益潰，其餘勢力亦被一一平定。吳、楚之亂至此落幕。

太史公自言以「維仲之省，厥濞王吳。遭漢初定，以填撫江、淮之間，作吳王濞列傳」〔註 71〕，以為劉濞之王，由其父而來，其父為高祖之兄，故劉濞亦以宗親身分，恰逢漢初高祖直系枝葉未茂，封王於荊、吳。其地原為項籍故地，數年間接連為楚王韓信、荊王劉賈的藩屬，經歷過淮南王黥布的攻奪，民風習於反覆，故誅殺黥布後，高祖「患吳、會稽輕悍，無壯王以填之，諸子少，乃立濞於沛為吳王」〔註 72〕，期以之為漢室鎮撫素來民風強悍之境。劉濞以旁親為王，為漢護翼，鎮撫藩地，其客觀條件與劉賈、劉澤同，若太史公以「填撫江、淮之間」為立傳之旨，何以不與劉賈、劉澤相合成傳，反自獨立？顯示出太史公實則另有意旨，須經由傳文作進一步的探討。

〔註 71〕見〔漢〕司馬遷著，（日本）瀧川龜太郎注：《史記會注考證．太史公自序》，高雄市：麗文文化事業股份有限公司，二〇〇〇年九月初版。頁一三四五上左。

〔註 72〕見〔漢〕司馬遷著，（日本）瀧川龜太郎注：《史記會注考證．吳王濞列傳》，高雄市：麗文文化事業股份有限公司，二〇〇〇年九月初版。頁一一二八下右。

細察《史記．吳王濞列傳》，先述家世與封王之因，接著將七國叛亂的始末順帶而出，終寫七國亂平後，諸王與亂者的後續情形。吳福助以為「傳中只敘吳王濞約膠西、膠東、菑川、濟南、楚、趙王謀反一事，可作七國之亂專史觀」〔註73〕，其說甚確。單傳原是一人一傳，因其可載之事繁多而獨立成篇，而吳王劉濞生平最可觀之事，即為掀起七國之亂，其事之龐雜，牽連甚廣，不立為專傳，則易因分散各篇，造成事件始末割裂難明。以此亂由其而起，亦因其身亡而解，故以其人為主線，將事件的開展依序迤邐寫出，脈絡分明，較分散四處為佳，且所附各王事蹟較少，亦不宜各立為傳。太史公以此傳記錄景帝朝最重大的兵亂，並以傳末太史公曰評論此事及其關鍵人物：

> 吳王之王，由父省也。能薄賦斂，使其眾，以擅山海利。逆亂之萌，自其子興。爭技發難，卒亡其本；親越謀宗，竟以夷隕。鼂錯為國遠慮，禍反近身。袁盎權說，初寵後辱。故古者諸侯地不過百里，山海不以封。「毋親夷狄，以疏其屬」，蓋謂吳邪？「毋為權首，反受其咎」，豈盎、錯邪〔註74〕？

論述劉濞其人、逆亂始末，順及鼂錯與袁盎。鼂、袁另有合傳，於此僅針對二人於七國之亂中，所扮演的角色而發，並肯定鼂錯為國謀慮的忠心。通篇不離七國叛亂，其評亦為此亂作一總結，顯示出本篇宗旨即在於七國之亂，而劉濞為其中心主軸。劉賈、劉澤二人與七國逆亂無牽連，則不適宜與之合為一傳，而《漢書》將之相合為傳，其間取捨則與太史公有異。

《漢書．荊燕吳傳》合《史記》〈荊燕世家〉、〈吳王濞列傳〉為一，於荊王劉賈、燕王劉澤的部分，襲用《史記》原文，而於吳王劉濞的部分更動較大，將袁盎諫殺鼂錯平眾怒一節移入〈爰盎鼂錯傳〉，其他則略微刪減文字或調換位置。於贊語部分，沿用原二傳的太史公曰，僅加以貼合，稍加刪略而已，顯示班固贊同太史公對此三人的評價，故不增新意。《漢書．敘傳》提到此傳之作，是因「賈廑從旅，為鎮淮、楚。澤王琅邪，權激諸呂。濞之受吳，疆土踰矩，雖戒東南，終用齊斧」〔註75〕，其中並未指出人物繫聯的關鍵，僅總結其

〔註73〕見吳福助：《史記解題》，《掌故叢書》〇〇六冊，臺北市：河洛圖書出版社，一九七九年四月臺初版。頁一二八。

〔註74〕見〔漢〕司馬遷著，（日本）瀧川龜太郎注：《史記會注考證．吳王濞列傳》，高雄市：麗文文化事業股份有限公司，二〇〇〇年九月初版。頁一一三五上左。

〔註75〕見〔漢〕班固著，〔清〕王先謙注：《漢書補注．敘傳》，第二冊（全二冊），臺北市：藝文印書館，一九五五年六月初版。頁一七七五下左。

生平大事。同樣的三人，太史公以其傳旨之異，將之一分為二，而《漢書》貼合三人時，並無增補史實，則班固以為三人關係密切的媒介，早已存於《史記》原文之中。仔細查看劉賈、劉澤、劉濞之傳，可發現三人交集不深，生平事蹟不相牽連，其最大共通處是皆以旁系宗親為王，然有兩點不同：第一，作為不同，劉賈、劉澤輔佐皇室而劉濞逆亂；第二，結局不同，劉賈、劉濞及身而絕嗣國除，劉澤卻傳國三代。班固對此並無多加評論，其贊語與立傳之因，皆裁併太史公言，顯示此傳非如〈韓彭英盧吳傳〉以行為對立而媒合〔註76〕，故就人物組合而言，〈荊燕吳傳〉較疏，不如《史記》〈荊燕世家〉緊密，或如〈吳王濞列傳〉有其特表之旨而獨立。此外，以形式而言，劉濞謀反，事件牽連甚廣，其複雜度遠非劉賈、劉澤可比，合之成傳則有比重不均、淪為附傳之感。

經由分析《漢書》合傳中，與《史記》重合或合併的篇章，可發現班固襲改太史公原旨之處。

與《史記》重合的部分，可分為焦點相同、相異二類：前者如〈張耳陳餘傳〉、〈衛青霍去病傳〉，分別承自《史記》〈張耳陳餘列傳〉、〈衛將軍驃騎列傳〉，各以「勢利之交」、「天幸」為眼，無改主旨，後者則如〈爰盎鼂錯傳〉、〈景十三王傳〉，分別承自《史記》〈袁盎鼂錯列傳〉、〈五宗世家〉，略移主旨。《史記》合袁、鼂二人以「刻深為能」，並指責鼂錯「變古亂常」，《漢書》則改以肯定爰、鼂的正面特質，更讚美鼂錯「為國遠慮」，於國有益，與太史公的觀點大相逕庭，而《史記》以〈五宗世家〉表「諸侯勢力漸衰」之狀，《漢書》則變其篇題，且分析諸侯敗亡之由，以為皆因富貴權勢，腐蝕人心，而特舉出河間獻王，表彰其出淤泥而不染的品行，其焦點亦與《史記》相異。

於合併單傳的部分，有〈陳勝項籍傳〉、〈蕭何曹參傳〉二合傳，前者合併《史記》〈陳涉世家〉與〈項羽本紀〉，後者則合併《史記》〈蕭相國世家〉與〈曹相國世家〉。《史記》以平民起義第一人，置陳勝於世家，並稱其字以尊之，又以秦、漢之際，掌有天下大權，立項籍為本紀，而《漢書》去除世家體例，

〔註76〕《漢書‧韓彭英盧吳傳》贊曰：「昔高祖定天下，功臣異姓而王者八國。張耳、吳芮、彭越、黥布、臧荼、盧綰與兩韓信，皆徼一時之權變，以詐力成功，咸得裂土，南面稱孤。見疑強大，懷不自安，事窮勢迫，卒謀叛逆，終於滅亡。張耳以智全，至子亦失國。唯吳芮之起，不失正道，故能傳號五世，以無嗣絕，慶流支庶。有以矣夫，著于甲令而稱忠也！」見〔漢〕班固著，〔清〕王先謙注：《漢書補注‧韓彭英盧吳傳》，第二冊（全二冊），臺北市：藝文印書館，一九五五年六月初版。頁九五三上右。

且以漢家為尊，用性格、際遇的高度相似合陳、項二人，以為漢代先導，是《史》、《漢》各依其自身體例而為，皆有所當。另，太史公分別以相國之才、能臣典範，立蕭何、曹參於世家，重視其個人特質，為後世立下模範，班固則僅取「蕭規曹隨」之義，以官職、政策的沿用而合蕭、曹二人，其考量與太史公相異。

於合併合傳的部分，有〈張馮汲鄭傳〉、〈樊酈滕灌傅靳周傳〉二篇，前者合併《史記》〈張釋之馮唐列傳〉與〈汲鄭列傳〉，後者則合《史記》〈樊酈滕灌列傳〉與〈傅靳蒯成列傳〉。經分析〈張馮汲鄭傳〉，及所承襲的《史記》篇章，可知太史公以「增主之明」合張、馮二人，而以武帝朝黃、老派的代表合汲、鄭二人，班固則以「有利於國」合四人為一傳，繫聯合傳主述的關鍵不同，篇傳意旨亦異，然較近於〈張釋之馮唐列傳〉，且主述人物間的關係轉疏，不若《史記》原傳緊密。以此發現檢視〈樊酈滕灌傅靳周傳〉，可發覺亦有相同情形。

於合併單傳、合傳的部分，有〈荊燕吳傳〉、〈季布欒布田叔傳〉，分別合《史記》〈荊燕世家〉、〈吳王濞列傳〉，及〈季布欒布列傳〉與〈田叔列傳〉。取〈荊燕吳傳〉分析之，可發現太史公以皆以皇親封王而能為藩輔，合荊王劉賈、燕王劉澤於一，肯定其對漢的貢獻，置於世家體，又以吳、楚亂事立吳王劉濞為單傳，而班固僅以「旁系宗親為王」合三人於一傳，未考慮其作為、結局等不同，無隱深意於其中，則以人物組合而言，其間的繫聯並不緊密。

由以上分析可知，《漢書》合傳重合《史記》篇章者，是班固認同太史公的取材，然同組人物間，《史》、《漢》觀點或有相異，而合併《史記》篇章者，班固於原意有所認同、取捨，僅取其一，而以另一組人物附合之，造成組合間關係疏密不同，繫聯較為鬆散。另就命題而言，《漢書》歸併《史記》篇章後，篇題多採姓名具出、唯書姓氏，與《史記》變化多端相異。

第肆章　《漢書》以《史記》本傳增入附傳人物為主角的合傳

《漢書》合傳重組《史記》人物者，共二十四篇，又可分為三大類：重合與合併《史記》篇章、以《史記》本傳增入附傳人物為主角、析離《史記》合傳，改組並新增人物。本章主要討論對象為第二大類：《漢書》以《史記》本傳增入附傳人物為主角的合傳。其下可細分為五：以《史記》單傳增入附傳人物為主角者、以《史記》合傳增入附傳人物為主角者、併《史記》單傳且增入附傳人物為主角者、併《史記》合傳且增入附傳人物為主角者，以及併《史記》單傳、合傳且增入附傳人物為主角者等五小類，共計涵蓋《漢書》合傳九篇、《史記》傳體十三篇。

此類合傳是以《史記》原有篇章為基礎，提升附傳人物為主述而成，除了基底為單傳、合傳，或合併單傳、合傳等不同之外，所提升的附傳人物，亦有原屬本傳或他傳之異。原屬本傳的附傳人物，因本與原傳相關，提升後與之貼合，可不顯突兀，然仍須考慮人物繫聯的緊密度，及其提升為主述的必要性，而原屬他傳的附傳人物，提升後與其他篇章黏合，還須多加考量到人物組合的適宜與否，以及篇旨的變更情形等問題。附傳原是因其人可記而其事甚少，難以完整表達作者意旨，故不能獨立成篇，僅能附載於他人傳記之中，而班固將之提升成主角，對篇傳思想的傳達是否有所助益，或反而模糊焦點，亦值得深入思考。以下即分為五小節，分別探討此一大類中的各式類型，觀察其中的異同之處。

第一節　以《史記》單傳增入附傳人物為主角的合傳

此類為《漢書》以《史記》單傳增入附傳人物為主角者，共有〈高五王傳〉、〈張周趙任申屠傳〉、〈文三王傳〉、〈李廣蘇建傳〉等四篇，分別是以《史記》〈齊悼惠王世家〉、〈張丞相列傳〉、〈梁孝王世家〉，以及〈李將軍列傳〉為基底，提升附傳人物為主述而成。其中又可分為提升本傳的附傳與提升他傳的附傳進入本傳兩類，屬於前者的是〈張周趙任申屠傳〉、〈文三王傳〉，屬於後者的則是〈高五王傳〉、〈李廣蘇建傳〉。附傳人物本因其事甚少而不能獨立成篇，附於本傳，一來可記下其人可傳之事，二來可烘托中心人物，彰顯作者心中欲表之思，猶如綠葉之於紅花，可使主旨愈加凸顯，而班固將之提升，與主角並列合述，是否將會混淆原傳的中心思想，抑或直接轉移主旨，另有新意？此為一可論之處。單傳是因其人可載而其事眾多，不得不獨立成篇，合傳則是因主角間關係密切，切斬不斷而成篇，就思想傳達而言，前者唯記一人就已足夠，而後者不以主角間的緊密連繫為關鍵，則無法表述出作者的心旨，二者的本質原不相同。班固提升原屬本傳或他傳的附傳，合入本傳，使單傳變為合傳，其焦點的移轉與否，及其人物組合的緊密與否，皆為本節討論要點。以下分別取提升附傳合入原傳的〈張周趙任申屠傳〉，與提升後合入他傳的〈李廣蘇建傳〉分析之，以期了解太史公與班固擇取異同之處。

一、《漢書・張周趙任申屠傳》

《漢書・張周趙任申屠傳》是以《史記・張丞相列傳》為基底，提升其附傳而成，原主述僅張蒼一人，經提升後，增加周昌、趙堯、任敖、申屠嘉四人，由單傳形式一變而成合傳。於篇目的命題上，《史記》使用稱其官職的命名法，而《漢書》採用唯書姓氏之法，一一列出主述。

據《史記・張丞相列傳》所載，張蒼，鄭州陽武縣人，喜好律法曆數。秦時為御史，負責文書，有罪而逃亡。及高祖起義，途經陽武時，以門客從之攻南陽。後坐法當斬，於千鈞一髮之際，為王陵所救，並隨高祖入關至咸陽。不久，陳餘擊張耳，張耳敗走投漢，高祖令其從韓信擊趙，得陳餘。其後為諸侯相，以代相從高祖誅臧荼有功，封北平侯。因舊為御史，對天下圖書計簿熟習，又善律曆，故令之以列侯身分居於相國府，號為計相，負責處理各地上報財稅。高祖十一年（西元前一九六），黥布反，高祖立劉長為淮南王，使張蒼相之。十四年（西元前一九三），遷為御史大夫。後其與絳侯周勃等尊立代王劉恆為文帝。四年（西元前一七六），丞相灌嬰卒，以其繼之。自漢初至文帝二十餘年，由其緒正律曆，以漢為水德，制定天下儀法。至其為丞相十餘年時，魯人公孫臣上書，言漢應為土德，而張以為非，然文帝召之以為博士，更改曆法、制度與元年。張蒼由此自稱老病，又因所薦舉者為官營利，遂以病免職。孝景前五年，百有餘歲而卒，諡為文侯。張蒼貴時，因救死一事，事王陵如父，及王死後，張為丞相時，仍事王陵夫人如母。

張蒼以曾為秦御史的資歷，熟習各地圖籍計冊，故能司丞相一職〔註1〕，嗣其後，接連如陶青、劉舍等，皆以御史大夫為丞相，是張蒼為此例之首。綜觀全傳，太史公以其生平為主軸，左右開展，順帶出周昌、趙堯、任敖、曹窋、申屠嘉等人，並稱「自申屠嘉死之後，景帝時，開封侯陶青、桃侯劉舍為丞相。及今上時，柏至侯許昌、平棘侯薛澤、武彊侯莊青翟、高陵侯趙周等為丞相，皆以列侯繼嗣，娖娖廉謹，為丞相備員而已，無所能發明，功名有著於當世者」〔註2〕，顯示太史公欲以此傳記錄文帝以來，丞相一職的用人情形，並以「然無術學，殆與蕭、曹、陳平異矣」〔註3〕一語，將其與開漢有功而能為相的蕭何、曹參、陳平區別開來，認為張蒼之輩仍不及蕭、曹等人。吳福助以為：

> 漢之丞相自蕭何、曹參、陳平、王陵、周勃、灌嬰，皆佐命功臣，名跡顯著。灌嬰死，張蒼、申屠嘉以舊人任用。申屠嘉後更無舊人，乃用諸襲侯陶青等六人。及趙周以酎金免，武帝乃破格擢公孫弘於布衣，而命相之法大變。自公孫弘以後遂雜用矣，故史公於公孫弘

〔註1〕御史大夫所司，據《漢書‧百官公卿表》所載：「御史大夫，秦官，位上卿，銀印青綬，掌副丞相。有兩丞，秩千石。一曰中丞，在殿中蘭臺，掌圖籍祕書，外督部刺史，內領侍御史員十五人，受公卿奏事，舉劾按章。」其職相當於副丞相，為眾御史之長，掌管天下各類圖籍，平日亦能參與政事。張蒼曾歷練過相關事務，故其雖非秦時御史之首，然值漢初此類人才孔缺，須仰賴其能之際，仍能輔助蕭何，展現其才，終為丞相。其後如陶青、劉舍，皆由御史大夫升為丞相，而韓安國若無發生意外導致腿傷，亦能由御史大夫升任丞相。由此可知，漢初御史大夫一職，可視為身登丞相之位的必要經歷。參見〔漢〕班固著，〔清〕王先謙注：《漢書補注‧百官公卿表》，第一冊（全二冊），臺北市：藝文印書館，一九五五年六月初版。頁三〇〇上右～上左。

〔註2〕見〔漢〕司馬遷著，（日本）瀧川龜太郎注：《史記會注考證‧張丞相列傳》，高雄市：麗文文化事業股份有限公司，二〇〇〇年九月初版。頁一〇六八下左～一〇六九上右。

〔註3〕見〔漢〕司馬遷著，（日本）瀧川龜太郎注：《史記會注考證‧張丞相列傳》，高雄市：麗文文化事業股份有限公司，二〇〇〇年九月初版。頁一〇六九上左。

以下別敘之。至御史大夫於漢初則亞相也，任者皆初起功臣，自申屠嘉後用鼂錯而局一變，後亦雜用不限於功臣矣〔註4〕。

認為《史記·張丞相列傳》正可說明漢初於丞相、御史大夫二職，任官用才的變遷過程。太史公以此傳記錄漢初丞相的任命，而舉張蒼為標目，是以其仍有影響漢制的事蹟。其自言以「漢既初定，文理未明。蒼為主計，整齊度量，序律曆，作張丞相列傳」〔註5〕，正明確指出其功何在，傳中雖嘆其用顓頊之曆，使推算有誤差，亦不掩其貢獻，認為張蒼對漢初能迅速建立度量衡與律曆，有極大的功勞。班固將附傳諸人提升為主角，與原傳意旨是否相背？或另有所表？則須再了解其餘諸人的生平經歷。

據《史記·張丞相列傳》所載，周昌，沛縣人，與堂兄周苛秦時皆為泗水卒史。高祖起義時，即追隨之。高祖以周苛為門客，而以其為掌旗官。等到高祖被立為漢王，則以周苛為御史大夫、周昌為中尉。不久，楚圍漢於滎陽，使周苛守城。楚破滎陽而周苛被烹，周昌遂為御史大夫。漢六年（西元前二〇一）中，封為汾陰侯。其為人剛直敢言，嘗直言高祖為桀、紂之主。及高祖欲廢太子，亦遭其極力反對。後高祖恐趙王如意日後有生命之憂，用趙堯計，命其為趙王相。高祖崩，呂后三召趙王，皆為周昌所擋。於是先召周昌，再召趙王即得。未久，趙王死於長安。周昌以此稱病不朝，三年而死。

趙堯，年少時為符璽御史，屬周昌下。因獻計高祖，使周昌為趙王相，而升為御史大夫。後從高祖擊陳豨有功，封為江邑侯。及高祖崩、趙王如意死、周昌抑鬱而終後，呂后得知當年為趙王獻計者為趙堯，即免官抵罪。

任敖，秦時沛縣獄史，與高祖相善。曾因高祖有罪逃亡，獄吏逮捕呂后且待之不善，而怒擊獄吏。高祖初起時，即以客從之為御史，守豐地。楚漢相爭時，遷為上黨守。後陳豨反時，因能堅守而封為廣阿侯。呂后執政時，繼趙堯後為御史大夫，三年而免職。

申屠嘉，梁地人。因以武官從高祖擊項籍，升為隊長，又從之擊黥布，升為都尉。惠帝時為淮陽守，文帝時因舊時從高祖故，封為關內侯。時張蒼為丞相，遂遷申屠為御史大夫，至張蒼免職則替之為相，封為故安侯。其為人廉直，

〔註4〕見吳福助：《史記解題》，《掌故叢書》〇〇六冊，臺北市：河洛圖書出版社，一九七九年四月臺初版。頁一二〇。

〔註5〕見〔漢〕司馬遷著，（日本）瀧川龜太郎注：《史記會注考證·太史公自序》，高雄市：麗文文化事業股份有限公司，二〇〇〇年九月初版。頁一三四四下左～一三四五上右。

不受私託。時文帝有寵臣鄧通，於丞相奏事時有傲慢之行，申屠以為不可，欲召而殺之。文帝知之，於其訓斥後召回鄧通，解其危。後景帝即位，用鼂錯為內史，所言多聽之，而丞相之言則否，故申屠患之。後聞鼂錯開一南門，侵高祖廟院外之地，欲以此定罪誅之。鼂錯因門客先告知，連夜入宮自請其罪。及旦，申屠於廷上請誅時，景帝即回護之。下朝後，申屠悔不先斬後奏，至官舍吐血而亡，謚為節侯。

合傳是因主角間關係密切，切斷不斷而成篇，班固能將周昌、趙堯、任敖、申屠嘉列為主述，與張蒼相合，其中必有一關鍵連繫眾人。細觀張、周、趙、任、申屠等諸人生平，可發現其經歷起伏皆不相同，然盡為高祖舊人，而除張蒼為秦御史外，餘皆曾任漢御史大夫一職，《漢書》將之合傳時，並未增補其他事蹟，顯示班固正是以此二者作為連繫諸人的媒介。《漢書》雖改變傳體，將單傳形式的《史記・張丞相列傳》，變為合傳形式的〈張周趙任申屠傳〉，然內容上並無太大更動，贊語部份亦承襲太史公曰，略刪一二句而成，無法由此推知班固將之改為合傳的深意，反突顯出傳體變更前後的幾無差異，變動較大者僅篇目的命題而已。另外，班固雖自言以「北平志古，司秦柱下，定漢章程，律度之緒。建平質直，犯上干色；廣阿之廑，食厥舊德。故安執節，責通請錯，蹇蹇帝臣，匪躬之故」〔註6〕述其傳，強調張、周、任、申屠之事，皆應記錄下來，卻獨漏趙堯，而同為主角，其餘諸人與張蒼的事功卻無法相抗衡。張蒼所定律曆雖不終，然草建章程的事實不可湮滅，而眾人之中，僅周昌為國直言，有勸諫之功，餘者或以舊德任職，或惑於私仇，皆非其比。《史記》以〈張丞相列傳〉表漢初以來丞相一職的任命情形，並特舉出張蒼以肯定其貢獻，《漢書》承其內容，不多加新意，顯示班固認同太史公的取材，而變更命題，使單傳改為合傳，不過是求其整齊而已。

二、《漢書・李廣蘇建傳》

此傳為《漢書》以《史記・李將軍列傳》為基，並提升〈衛將軍驃騎列傳〉的附傳蘇建為主述，與之相合而成。就形式而言，是由單傳過渡為合傳，而篇目的命題，亦由稱其官職變為姓名具出。另就人物主從關係而言，太史公立李廣為單傳，而蘇建為衛青、霍去病傳中的附傳，各有其用意，班固將之黏合，

〔註6〕見〔漢〕班固著，〔清〕王先謙注：《漢書補注・敘傳》，第二冊（全二冊），臺北市：藝文印書館，一九五五年六月初版。頁一七七六上左～下右。

是否另有意旨？其人物組合間的關係為何？則須進一步由人物生平與作者所裁取者中探討。

據《史記．李將軍列傳》所載，李廣，隴西成紀縣人，先祖秦時為將，其家世代習射。文帝十四年（西元前一六六），以良家子從軍擊匈奴，因功多得為郎，又補武騎常侍缺，常從文帝，而帝亦識其才。景帝時，從太尉周亞夫平吳、楚之亂，雖有功，卻因私受梁王將印而無賞。後為邊郡太守，轉徙各郡，皆以力戰聞名。其治軍尚簡，不拘形式，愛護士卒，與治軍嚴謹的程不識同為名將，而匈奴畏李更甚，士卒皆樂從之。曾數次身陷險境，憑其智略武功，終皆得脫。雖能力戰，且多次出擊匈奴，卻總無法封侯得邑，武帝以為其命數奇，並以之陰誡衛青。後衛青、霍去病領軍擊胡，偶知單于居所，衛青即將其由前鋒調為右翼，而以公孫敖為中鋒。李廣再三請命，卻終不得為前鋒以先擋匈奴。衛青與單于戰，李軍卻因迷途而後至，使單于得以脫逃。衛青遣長史問其失道情狀，因不答，而再命其急往幕府接受訊問。李廣自言唯己有罪，獨往幕府，又以為與匈奴作戰多年，今終可與單于交鋒，卻被徙為右翼，迷失道路，是天意使然，如今年老，已不堪訊問，遂引刀自剄。軍民聞之者，皆為之泣。

太史公自言以「勇於當敵，仁愛士卒，號令不煩，師徒鄉之。作〈李將軍列傳〉」〔註7〕，且於太史公曰中頻頻讚美，認為其忠誠信人、勇猛對敵、領軍簡約等，俱有可觀，然細讀其傳，卻可發現李廣戰常失利，少有軍功，雖能力戰，卻有「數奇」〔註8〕之評，不若一般人對名將表現的印象。李景星以為「此篇用意尤在『數奇』二字，而敘事精神更在射法一事。贊其射法，正所以深惜其數奇也」〔註9〕，認為李廣一生困頓，正因其不遇時，如擊吳、楚後還賞不行、參與馬邑誘敵無功、出定襄無功、出右北平無功等，皆其不遇時的情狀，總在陰錯陽差之下，徒勞無功，寫其射法之強，反襯出懷才不遇的遺憾。吳福助則以為「漢武帝於軍人，豪傑與近親判為兩黨。衛青、霍去病、李廣利之屬，皆由女寵，名位雖盛，豪傑從軍者賤之如糞土。李廣父子愈擯抑，而豪傑愈宗之。史公以孤憤之故，於兩黨瑕瑜，抑揚甚顯。今平心而論，則兩黨中亦各有

〔註 7〕見〔漢〕司馬遷著，（日本）瀧川龜太郎注：《史記會注考證．太史公自序》，高雄市：麗文文化事業股份有限公司，二〇〇〇年九月初版。頁一三四五下右。

〔註 8〕見〔漢〕司馬遷著，（日本）瀧川龜太郎注：《史記會注考證．李將軍列傳》，高雄市：麗文文化事業股份有限公司，二〇〇〇年九月初版。頁一一五一下右。

〔註 9〕見李景星著，韓兆琦、俞樟華校點：《四史評議》，《舊籍新刊》，湖南省長沙市：岳麓書社，一九八六年十一月初版。頁一〇〇。

奇材，惜乎武帝之未能以公心善用之耳」〔註10〕，認為武帝時的名將，可分為兩類，一由外戚裙帶關係中晉升，一則以豪傑作風處事行軍，而武帝偏愛前者，對後者並不能愛之惜之。李廣生逢漢代初啟邊疆戰役之時，朝中無將可壓制匈奴，然其為右北平太守時，竟使「匈奴聞之，號曰漢之飛將軍，避之數歲，不敢入右北平」〔註11〕，顯示其能，而多次戰役失利與坐法失官，亦非盡為其過，然如此沉浮數次，晉升的速度竟難以與平穩累積如李蔡者比較。此為其之不遇時。雖身負武才，然上位者卻不能賞識，反披惡評，竟鬱鬱以自剄亡，亦為其不遇時之證。〈李將軍列傳〉通篇寫其才及其不遇，與〈衛將軍驃騎列傳〉相參看，可發現兩傳寫盡武帝朝將領的遭遇，而導致其中起落的關鍵，即為「天幸」。天，可釋為天命，亦可指稱天子，而無論是天時的配合，或是武帝的眷寵，李廣俱無法與之遇合，不得不使人慨歎再三。

太史公以眾多軼事，堆疊出李廣「悛悛如鄙人，口不能道辭」〔註12〕、「彼其忠實心，誠信於士大夫」〔註13〕的武人形象，其個人的特質與命運的多舛，皆難與他人連結，宜獨立成傳，而特以官職「將軍」作為標目命篇，是太史公由衷敬愛的表現。蔡師信發認為此正「可見他對李廣的敬重，因身為武士，躍馬疆場，無不以『將軍』為美稱」〔註14〕，太史公惜其不遇，而以世家筆法錄其三代之事〔註15〕，亦可昭太史公深惜之情。由此觀之，李廣立為單傳，並無不當。

《漢書．李廣蘇建傳》的另一主角蘇建，原附傳於《史記．衛將軍驃騎列傳》，所錄事跡並不多。據《史記》所載，蘇建為杜陵人。武帝元朔二年（西

〔註10〕見吳福助：《史記解題》，《掌故叢書》〇〇六冊，臺北市：河洛圖書出版社，一九七九年四月臺初版。頁一三二。

〔註11〕見〔漢〕司馬遷著，（日本）瀧川龜太郎注：《史記會注考證．李將軍列傳》，高雄市：麗文文化事業股份有限公司，二〇〇〇年九月初版。頁一一五〇上右。

〔註12〕見〔漢〕司馬遷著，（日本）瀧川龜太郎注：《史記會注考證．李將軍列傳》，高雄市：麗文文化事業股份有限公司，二〇〇〇年九月初版。頁一一五三上右。

〔註13〕見〔漢〕司馬遷著，（日本）瀧川龜太郎注：《史記會注考證．李將軍列傳》，高雄市：麗文文化事業股份有限公司，二〇〇〇年九月初版。頁一一五三上右。

〔註14〕詳見蔡師信發：〈《史記、李將軍列傳》體例之平議〉，收錄於《第五屆漢代文學與思想學術研討會論文集》，頁三三九～三四八，臺北市：國立政治大學中國文學系，二〇〇五年一月初版。頁二。

〔註15〕詳見蔡師信發：〈《史記、李將軍列傳》體例之平議〉，收錄於《第五屆漢代文學與思想學術研討會論文集》，頁三三九～三四八，臺北市：國立政治大學中國文學系，二〇〇五年一月初版。頁七。

元前一二七)，置朔方郡，蘇建以校尉從衛青出擊匈奴有功，封平陵侯，負責建築朔方城。元朔五年（西元前一二四)，以游擊將軍從衛青出征，無功；六年（西元前一二三)，以右將軍從衛青擊胡，與前將軍趙信領三千餘騎，遇單于軍，戰一日餘而趙領八百人降單于，蘇建盡亡其軍，獨以身免。眾議其罪，或當斬，或不斬，而衛青以為應由天子裁斷，因之傳送至武帝行在所。至而赦其罪，贖為庶人。後為代郡太守卒。

由生平觀之，蘇建其人並無特出事蹟，一生出入軍功皆隨衛青而來，以副將身分佐之，故衛青平步青雲時，亦隨之升遷。與之相同者，尚有公孫賀、李息、公孫敖、李沮、李蔡、張次公、趙信、張騫、趙食其、曹襄、韓說、郭昌、荀彘等十三人。是以太史公將蘇建附傳於〈衛將軍驃騎列傳〉，是適宜之舉。

綜觀李廣、蘇建的一生，除元朔六年同隨衛青出定襄擊匈奴外，並無其他相交集的紀錄或平日往來的記述，其個人際遇起伏，亦決然迥異，而班固竟將二人合為一傳，其考量何以異於太史公？答案則須再結合《漢書·李廣蘇建傳》分析之，方可覓得。

以二書相參，可發現《漢書》雖後《史記》而出，於李廣、蘇建二人事蹟卻無增補，對其子孫李陵、蘇武之事，則大加發揮，敘之甚詳。李陵事於《史記》僅記至其降匈奴，遭夷三族，蘇武事則僅有〈匈奴列傳〉提及「漢遣中郎將蘇武厚幣賂遺單于」〔註16〕，其餘事蹟無考。此固然為《史記》寫作時限所不及，亦是班固慧心獨運的意旨流露之處。

據《漢書》所載，李陵降胡後，武帝因誤會而誅其族，隴西則以李氏為醜，李陵由此絕歸漢之心。單于以女妻之，使其居外，有大事則召之入議。後昭帝立，霍光、上官桀遣其故人往匈奴招其歸漢，然其以不能再見辱而拒之。至匈奴後二十餘年，於昭帝元平元年（西元前七四）病故。

蘇武，蘇建的第二子，字少卿。武帝天漢元年（西元前一〇〇)，奉命送匈奴使者回胡。其副將張勝與人謀劫單于母，事敗而累及蘇。其自以為辱國，自刺命危。舊降胡者衛律救之，單于亦欽佩其節操，使衛逼降未成後，囚之於牢，數日不給飲食，蘇竟不死，則徙之北海無人處牧牡羊，俟羊產乳乃可歸。蘇於北海嚐盡艱困，而不改其節。後昭帝立，遣使要求匈奴歸還所留漢使，匈奴詐言早已亡故，幸後得同使匈奴的吏士常惠之助，終得歸漢，留胡共十九年。

〔註16〕見〔漢〕司馬遷著，(日本)瀧川龜太郎注：《史記會注考證·匈奴列傳》，高雄市：麗文文化事業股份有限公司，二〇〇〇年九月初版。頁一一七〇上右。

回漢後，為典屬國。隔年，其子坐謀反死。又數年，昭帝崩，與大臣共謀立宣帝。帝因其節行著稱而優寵之，派人贖其在胡所生之子，以為郎官。年八十餘，於宣帝神爵二年（西元前六〇）病卒。不久，帝命人繪功臣圖，藏於麒麟閣，蘇武亦在其中，比之為方叔、召虎等輔佐中興之臣。

李陵、蘇武，一為奉命出征的武將，一為領旨使胡的使臣，同為漢武帝時人，同滯胡多年，其間的交際往來，於《漢書》中多有描述，然當二人皆有返漢機會時，為何李陵二度選擇放棄，而蘇武卻緊握時機回漢？班固以為李陵終究棄漢是因漢室寡恩，由其拒漢使而言「丈夫不能再辱」〔註17〕、游說蘇武降胡時直指「陛下春秋高，法令亡常，大臣亡罪夷滅者數十家，安危不可知，子卿尚復誰為乎」〔註18〕、送別蘇武時則言「令漢且貰陵罪，全其老母，使得奮大辱之積志，庶幾乎曹柯之盟，此陵宿昔之所不忘也。收族陵家，為世大戮，陵尚復何顧乎」〔註19〕等言論，可知李陵原有心佯降，伺機謀動，立下戰功，然待聽聞家族被戮後，意冷心灰，只覺這一切已無必要，自此以後，黯然地度過餘生。反觀蘇武，一門三傑同入朝，然長兄與幼弟皆因細故而遭下詔訊問，分別惶惶自刎、飲藥死，其妻則因其滯胡不知歸期，早早改嫁，一家竟僅存二小妹與幼子女。漢室待蘇氏亦不厚，蘇武卻以為「臣事君，猶子事父，子為父死亡所恨」〔註20〕，終不背漢。二人所遭遇者雷同，然其抉擇卻截然迥異，是一大對比。

班固於傳贊中引《史記》太史公曰原文，盛讚李廣，惋惜李氏三代而滅，並引《論語》「志士仁人，有殺身以成仁，無求生以害仁」來讚揚蘇武的不辱使命，明其所欲傳世者，即為李廣的忠誠，與蘇武的忠義節操，其傳旨為「忠」。於〈敘傳〉中則更明確地指出「陵不引決，忝世滅姓」〔註21〕，以為李陵戰敗被捕時，應立時引刀自刎，便可全其名聲，更不至於家族夷滅，鄉人以之為愧。

〔註17〕見〔漢〕班固著，〔清〕王先謙注：《漢書補注．李廣蘇建傳》，第二冊（全二冊），臺北市：藝文印書館，一九五五年六月初版。頁一一四八下右。

〔註18〕見〔漢〕班固著，〔清〕王先謙注：《漢書補注．李廣蘇建傳》，第二冊（全二冊），臺北市：藝文印書館，一九五五年六月初版。頁一一五〇下右～下左。

〔註19〕見〔漢〕班固著，〔清〕王先謙注：《漢書補注．李廣蘇建傳》，第二冊（全二冊），臺北市：藝文印書館，一九五五年六月初版。頁一一五一上左。

〔註20〕見〔漢〕班固著，〔清〕王先謙注：《漢書補注．李廣蘇建傳》，第二冊（全二冊），臺北市：藝文印書館，一九五五年六月初版。頁一一五〇下左。

〔註21〕見〔漢〕班固著，〔清〕王先謙注：《漢書補注．敘傳》，第二冊（全二冊），臺北市：藝文印書館，一九五五年六月初版。頁一七七七下左。

劉咸炘認為此傳正是以「廣有功而建碌碌，陵敗名而武著節，相形也」〔註 22〕，以李廣的屢敗屢戰與蘇建的僅隨人後相較，以李陵的降胡與蘇武的不屈相較，正反對比出所欲突顯的人物。〈李廣蘇建傳〉中，所傳祖孫、父子皆與匈奴有關，李廣與蘇建、李陵與蘇武，人物事功兩兩相對，且後者在匈奴事截斬不斷，其抉擇之異等，班固以合傳形式表達，從以強調其意旨，十分適宜。

李廣、李陵、蘇建、蘇武四人，由《史記》過渡至《漢書》，除去補足太史公所不及見者外，其中心意旨與表現形式皆不相同。太史公以單傳傳李廣，突顯其「不遇時」，附傳李陵，又因蘇建功績皆隨衛青而來，附之於〈衛將軍驃騎列傳〉，且未及見蘇武出使滯胡事件的結局，僅將之附見於〈匈奴列傳〉，所置適宜，而班固以合傳傳此四人，亦能藉由正反相形充分表達其主旨，二者於人物組合上，實是各有攸當。

本節探討《漢書》以《史記》單傳增入附傳人物為主角的合傳，此類共有四篇，可分為提升本傳的附傳與提升他傳的附傳進入本傳兩小類，又從中各取一篇加以分析，前者取〈張周趙任申屠傳〉，後者則取〈李廣蘇建傳〉。結合《史記》以分析二傳後，可發現班固頗為認同太史公剪裁的人物組合，提升本傳的附傳進入本傳，是為求齊整，而裁剪他傳的附傳進入本傳，是另有表達意旨。

第二節　以《史記》合傳增入附傳人物為主角的合傳

此類為《漢書》以《史記》合傳增入附傳人物為主角者，共有〈淮南衡山濟北王傳〉、〈萬石衛直周張傳〉等二篇，分別以《史記》〈淮南衡山列傳〉、〈萬石張叔列傳〉為基底，提升附傳人物為主述而成。二者皆提升本傳的附傳進入本傳，不另他求。合傳人物是因其間關係密切，切斬不斷而相合，附傳其中的人物亦皆與之有關，惟關聯性不如主述人物高，班固將之提升，同列主述，是否造成傳旨焦點的移轉？人物組合間是否緊密依舊？皆有討論的價值。以下取〈淮南衡山濟北王傳〉分析之，以期了解班固提升附傳的考量，及此舉所造成的影響。

據《史記．淮南衡山列傳》所載，淮南、衡山、濟北三王，源出於高祖的

〔註 22〕見〔清〕劉咸炘著，〔民國〕楊家駱主編：《四史知意并附編六種．漢書知意》，臺北市：鼎文書局股份有限公司，一九七六年二月初版。頁五三七。

么子淮南厲王劉長。文帝因貶斥么弟至遠地，致使其忿忿絕食而死，心欲補償而封其三子，分別為淮南王劉安、衡山王劉賜，以及濟北王劉勃。《史記》題傳為〈淮南衡山列傳〉，看似只錄淮南、衡山二王，然細究內容可知，實含二淮南王與衡山王，共三主述，而濟北王僅為附傳。《漢書》提升濟北王為主述而成〈淮南衡山濟北王傳〉，其意旨與考量等，較之《史記》有何不同之處，則須先明晰太史公立傳之旨。

太史公自言以「黥布叛逆，子長國之，以填江、淮之南。安剽楚庶民。作淮南衡山列傳」〔註23〕，說明本傳記載江、淮諸王的更迭，並以「安剽楚庶民」一語，指出劉安竊奪楚地百姓，明其謀逆之舉，而傳文透過諸王生平，將整個過程記述得更為詳晰。

依《史記》所述，淮南厲王劉長，高祖么兒，趙王張敖所獻美人所生。時貫高謀反，累及趙王，其母亦遭繫於獄，請吏為之言，而高祖方怒，不理。其舅求辟陽侯審食其為之言於呂后，然呂后妒之而審不強爭，其母遂憤而自殺。後高祖悔之，將幼子交予呂后撫養。高祖十一年（西元前一九六），淮南王黥布反，平定後即立劉長為淮南王。呂后掌權時，以自幼為其所育而無患，然因其母故，心怨審食其已久，及文帝即位，自恃與帝親愛，驕不奉法，以鐵椎殺審後自首，而文帝憐其為母報仇之志，赦之，然劉長歸國後益加驕恣，不用漢法，出入法度擬於天子。文帝六年（西元前一七四），與棘蒲侯太子柴奇合謀造反，且遣使聯合閩越、匈奴，然事跡敗露，文帝召之至長安，交與廷議，終因文帝不忍而僅廢去王位，貶至蜀郡偏遠之地，生活飲食等皆嚴加看管，其餘與謀者盡誅之。劉長素來剛強驕縱，不能忍受如此對待，竟絕食致死。沿途傳送者皆不敢上報此事，至雍縣始上奏，而文帝悔之已遲，以列侯禮制葬之於雍縣，並封其子四人為侯。

淮南王劉安，淮南厲王劉長第三子。文帝八年（西元前一七二），封為阜陵侯；十六年（西元前一六四），封為淮南王，與兄弟衡山王劉勃、廬江王劉賜均分厲王故地。景帝三年（西元前一五四），吳、楚等七國謀反，遣使至淮南，劉安亦欲發兵響應，然為其相所阻，故無反逆之罪。其為人好讀書鼓琴，不愛田獵狗馬，欲以此享譽天下。以其父故，常怨漢廷，有謀逆之心，一方面廣結賓客，且與武安侯田蚡相善，另一方面則勤備軍武，伺機而動。其后與子

〔註23〕見〔漢〕司馬遷著，（日本）瀧川龜太郎注：《史記會注考證·太史公自序》，高雄市：麗文文化事業股份有限公司，二〇〇〇年九月初版。頁一三四五下左。

女常恃寵而亂國法，郎中雷被因遭迫害而上告朝廷，事下廷尉與河南尉共治之。劉安懼，欲先發兵以制之，卻因猶豫不決，且其罪僅罰削地，終不發兵，而以此事益怨朝廷，日夜與謀士策畫，常召伍被問如何攻下漢廷。初時伍被不願參與，卻因父母被囚而終許之。雖然，卻常言漢廷之善，再三勸阻。其後，劉安多次欲起兵，皆問伍被，初時伍被仍勸止，後卻為其謀略，欲與越通。劉安行事猶豫，而伍被竟自上告其謀反，罪證俱足，交與廷議。眾臣皆以為其罪當誅、所與謀者當族、宗室近臣不與謀者當免官削爵等，武帝均以為然，遣宗正以符節治之。宗正未至，而劉安自殺，國除為九江郡。

衡山王劉賜，淮南厲王劉長之子。文帝八年（西元前一七二），封為陽周侯；十六年（西元前一六四），封為廬江王，與兄弟淮南王劉安、衡山王劉勃均分厲王故地。吳、楚七國起兵叛亂時，遣使至廬江，劉賜不響應，卻自遣使與越往來。景帝四年（西元前一五三），七國之亂平定，景帝以其私遣使者與越結交，徙其為衡山王，而原衡山王劉勃改王濟北。劉賜素與劉安不善，聞其欲反且勤軍武，亦廣結賓客，以免為劉安所併。武帝元光六年（西元前一二九），劉賜入朝，因有曲枉人之事，又數次侵奪人田，遭有司請治，然帝不許，僅罰其國二百石以上之吏皆由漢置之。劉賜以此怨怪朝廷，積極密謀造反。其後宮為爭嗣位而有中傷、巫蠱、淫亂之事，終造成劉賜與太子有隙，竟囚太子於宮中。元朔六年（西元前一二三）中，劉賜遣使上書，請廢太子而改立次子。太子知之，遣所善者白贏往長安揭發其弟秘事。白贏至長安，未及上告，即因淮南王劉安謀反之事，牽連被捕。劉賜恐其反謀敗露，即上書告太子不孝。元朔七年（西元前一二二），求捕與淮南王劉安謀反者，得陳喜於劉賜次子處。其子恐牽連入罪，且懼白贏已揭秘事，又聞自首無罪，即自上告國中謀反之事。武帝遣中尉與大行訊問劉賜，皆以實對。後聞事下宗正、大行與沛郡共治，即自殺，其后與太子等皆棄市，所與謀者皆族之。國除為衡山郡。

由三王生平觀之，可清楚發現除了父子、兄弟的親緣關係外，其生命歷程有高度相似之處：皆以宗親為王、皆有僭制謀反之舉、皆欲與鄰近外族聯合叛亂、皆事跡敗露；劉安、劉賜的後宮皆紛擾不堪，間接導致反狀敗露。太史公合此三王為傳，是欲藉此表漢初宗室亂象，同時亦側面顯示了西漢政治由郡國並行制逐漸邁向中央集權的過程。傳末太史公曰顯示《史記》曾試圖尋找出造成叛亂的原因：

> 《詩》之所謂「戎狄是膺，荊舒是懲」，信哉是言也。淮南、衡山，親為骨肉。疆土千里，列為諸侯。不務遵蕃臣職，以承輔天子，而專挾邪僻之計，謀為畔逆，仍父子再亡國。各不終其身，為天下笑。此非獨王過也，亦其俗薄，臣下漸靡使然也。夫荊、楚僄勇輕悍，好作亂，乃自古記之矣〔註24〕。

太史公以為江、淮之地，民眾輕悍，常不遵法令，自古而然。三王雖為皇室宗親，卻父子、兄弟相繼謀亂，致使封國不終，使人深惜，然為亂之因，追根究柢，竟是「非獨王過也，亦其俗薄，臣下漸靡使然」，風俗澆薄不淳厚，上下日漸腐敗，自矜自喜，不思根源，致使心圖不軌。其實非獨荊、楚、吳、會稽等地崇武好勇，而是各地諸侯國皆然，不然，吳王劉濞如何煽動諸王共叛，釀成七國之亂？時離天下初定不過數十年，異姓諸侯已消滅殆盡，而同姓宗親諸王中，略有野心者尚懷著叱咤風雲、逐鹿中原的夢想，無野心者於漢政權亦無太高信心與忠誠，二者於政局皆無清楚認知，以為登高一呼，必有百諾，而不知民心好靜，故時有謀亂之思。太史公認為此三王間關係緊密，且即使父子、兄弟相繼以謀反敗亡，竟不知反省、執迷不悟，實足為世人警惕。此合傳以「至死不悟」為眼，記錄當時亂象，而三王同列主述，題為標目，則由標題即可窺知太史公意旨，隱含指點門徑之妙，而於〈太史公自序〉中特舉出「安剽楚庶民」，則隱含對其假儒生面貌以盜譽天下之行的批判。

《漢書》以《史記．淮南衡山列傳》為底，述〈淮南衡山濟北王傳〉，於內容上略有增刪，增入薄昭〈諫厲王書〉、劉安招賓客著書事，又將劉安與伍被的對話移入〈蒯伍江息夫傳〉，傳末贊語則襲用太史公曰，刪去「為天下笑」一句與「非獨王過也」的「過」字；於形式上，班固將附傳濟北王劉勃提升為主述，與其他三人同列入標題。其於《史記》的敘述不多，僅曇花一現，班固於《漢書》傳末特為之新增一段，補述其子孫嗣位、除國等情形，然其何以將之與原主述相合？其間的繫聯為何？則須再了解劉勃其人，以釐清此合傳主角間的關係，並推知班固合述之因。

濟北王劉勃，淮南厲王劉長之子。文帝八年（西元前一七二），封為安陽侯；十六年（西元前一六四），封為衡山王，與兄弟淮南王劉安、廬江王劉賜均分厲王故地。吳、楚等七國造反時，遣使至衡山，而劉勃堅守不從。景帝四

〔註24〕見〔漢〕司馬遷著，(日本)瀧川龜太郎注：《史記會注考證．淮南衡山列傳》，高雄市：麗文文化事業股份有限公司，二〇〇〇年九月初版。頁一二四五上左。

年（西元前一五三），七國之亂平定，劉勃至長安朝請，景帝以為其心忠信，而其地偏南，多潮濕瘴癘，乃徙之王濟北以示褒獎。及其薨，景帝遂賜諡為貞王。

由其生平觀之，可知其事跡甚少，最可表者為堅守封國、不為誘反，故得徙王濟北，與其父兄大不相同。《史記》以〈淮南衡山列傳〉記當時亂象，錄其父子、兄弟相繼為王、叛亂而不悟的荒謬事件，其中三王經歷相似、下場相同，加以事件接二連三地發生如峰峰相連，故太史公合之以表達「至死不悟」的主眼來警戒世人，十分適宜。濟北王劉勃雖與三王有親緣關係，背景亦同，然其個人特質卻大相逕庭，竟能死守封國，力拒吳、楚，與其父、兄弟不可等列。太史公僅將之列為附傳，一方面因其年歲不永，事跡甚少，雖有可錄之處，然離其父、兄弟則無可安置；另一方面亦因其與三王的經歷、特質無法緊密貼合，難以傳達太史公欲述亂象的主旨。

班固自言以「淮南僭狂，二子受殃。安辯而邪，賜頑以荒，敢行稱亂，窘世薦亡。述淮南衡山濟北傳」〔註25〕，明此合傳所載為淮南、衡山相繼作亂之事，並分別細述劉長、劉安、劉賜三人特質，認為劉長驕狂，目中無人，僭越禮制，影響其二子：劉安善辯而心思不正、劉賜愚頑無知且荒唐，致使父子相仍，逆亂而亡。其立意與太史公同，皆欲記淮南、衡山作亂事，而當中並無提及濟北王劉勃，且究傳文，有關其人的記述一如《史記》，無特別加以評論，而補敘嗣位情形的新段，顯示了再傳之後的濟北王亦出現亂倫詛上的情形，與淮南、衡山同為「非獨王，亦其俗薄，臣下漸靡」的一員。除去其出身背景與劉長、劉安、劉賜等三人相同，皆為劉氏宗親，且彼此為直系親屬關係外，僅餘封地承繼同源可繫聯四人，而由劉勃的舉措來看，更無法將之與其他三人視為同仁，故可判知此傳主述間聯結薄弱，關係並不緊密。班固記濟北一脈至封國被除、置為北安縣止，如錄淮南、衡山國除為九江郡、衡山郡，並列觀之，十分整齊，但並無特別作用。劉勃與其繼位者，前莊肅而後淫逸，既非如淮南、衡山等謀逆之列，亦無法以對襯來警戒後人，顯示班固將之提升至主述，置於標目，並補敘後事，僅為述齊而已。

以此發現，檢視本類的另一篇〈萬石衛直周張傳〉，可察覺亦有相同的情形。太史公以「敦厚慈孝，訥於言，敏於行。務在鞠躬，君子長者。作〈萬

〔註25〕見〔漢〕班固著，〔清〕王先謙注：《漢書補注．敘傳》，第二冊（全二冊），臺北市：藝文印書館，一九五五年六月初版。頁一七七六下左。

石張叔列傳〉」〔註26〕，記當時「其教不肅而成，不嚴而治」〔註27〕的篤行長者，主眼為「謹」，標舉出萬石君石奮、張歐為目，以此二人為箇中代表，所附傳者如石建、石慶、衛綰、直不疑、周仁等盡皆不及，並以為衛幾可側身於石奮、張歐間，而論直、周二人，則以為所為近佞，然仍可謂之君子。班固襲用《史記》傳文，稍加增補而成〈萬石衛直周張傳〉，稱以「萬石溫溫，幼寤聖君，宜爾子孫，夭夭伸伸，慶社于齊，不言動民。衛、直、周、張，淑慎其身」〔註28〕述此傳，亦欲錄當時能不言而教民的長者，與太史公主旨類似，但提升衛綰、直不疑、周仁為主述，僅附傳石建、石慶二人，並對石建、直不疑有與太史公不同的看法，認為石為父洗貼身衣物，君子譏其博名，直則應與石奮、張、衛等列。以關聯性察此主述五人，可發現僅石奮、張歐政績顯著，且終始皆榮，不若他者皆略有使人詬病處，再以「篤行長者」的標準視之，則石、張二人不能不脫穎而出，其他三人盡不及之，故可知石、張二者關係較為緊密，與衛、直、周的組合密度則較為鬆散，而班固提升三人為主述，亦為述齊而已。

第三節　併《史記》單傳增入附傳人物為主角的合傳

此類為《漢書》合併《史記》單傳增入附傳人物為主角者，僅有〈張陳王周傳〉一篇，是以《史記》〈留侯世家〉、〈陳丞相世家〉、〈絳侯世家〉〔註29〕為底，提升附傳人物王陵為主述而成。王陵本附於〈陳丞相世家〉中，屬於提升本傳的附傳進入本傳一類，非外求他篇而來，故多少與本傳主述有所關聯，

〔註26〕見〔漢〕司馬遷著，(日本)瀧川龜太郎注：《史記會注考證・太史公自序》，高雄市：麗文文化事業股份有限公司，二〇〇〇年九月初版。頁一三四五上右～上左。

〔註27〕見〔漢〕司馬遷著，(日本)瀧川龜太郎注：《史記會注考證・萬石張叔列傳》，高雄市：麗文文化事業股份有限公司，二〇〇〇年九月初版。頁一一〇七上左～下右。

〔註28〕見〔漢〕班固著，〔清〕王先謙注：《漢書補注・敘傳》，第二冊(全二冊)，臺北市：藝文印書館，一九五五年六月初版。頁一七七六下左～一七七七上右。

〔註29〕世多見稱此傳為〈絳侯周勃世家〉，今依〈太史公自序〉所述改為〈絳侯世家〉。吳福助以為：「日本古鈔本篇題『絳侯』下無『周勃』二字，與史公〈自序〉及《漢書・司馬遷傳》合，依〈留侯世家〉『留侯』下不言『張良』例，二字當刪。」所言極合於道，故採用之。今日所見傳題，恐後人錄入傳文首句而來。見吳福助：《史記解題》，《掌故叢書》〇〇六冊，臺北市：河洛圖書出版社，一九七九年四月臺初版。頁七八。

然班固又取他傳相合之，則王與其他主述間的關係為何？相合是否緊密？值得深思。《史記》各傳原各有篇旨，班固取之相合，則旨意、焦點必然有所移易；其組合人物的關鍵為何？緊密與否？其黏合的考量何以異於太史公？亦應深入探究，以瞭解其間的差異性。

本類合傳既是《漢書》合併《史記》多篇單傳、提升附傳而來，欲辨明《史》、《漢》異同，則須先明晰各單傳的原旨，方能觸及《漢書》所作的變革。以下依序論述太史公立《史記》〈留侯世家〉、〈陳丞相世家〉、〈絳侯世家〉等三傳之旨。

一、《史記・留侯世家》

據傳文所載，留侯張良，其祖為韓人，世代相韓。秦滅韓時，其尚年少未仕，卻舉家謀求刺客以刺秦王。因曾於淮陽學禮，而得賢者薦一力士，可舉百二十斤的鐵椎，然其與之狙擊秦皇失敗，只得隱姓埋名，匿於下邳，有奇遇而得太公兵法，並與項伯交好。陳勝起兵時，其亦聚少年欲從景駒，途中遇高祖軍隊，遂從劉，而其謀常為之用。不久，使項梁立韓成為韓王，並從韓王攻秦，又引兵助高祖，獻計使之先入咸陽。高祖見秦宮多寶，欲居留，不聽樊噲力諫，經其提點方罷。項籍後至，欲攻高祖，而項伯卻私告張，不欲之與高祖同死。其為高祖引見項伯，且施計使高祖逃出鴻門宴，又使之焚燒棧道，以示項籍絕無返還之意。其自歸韓王，然不久韓王被殺，旋即亡歸高祖，多次為之謀畫。高祖之所以能取天下，其謀之功絕大。高祖欲封邑三萬戶，然其辭之，只願封留地，終封為留侯。其後，又為漢定軍心、立蕭何為相國、推動定都關中、以商山四皓穩固太子之位等，皆關天下大計。高祖崩後八年（約西元前一八七）卒。

太史公以「運籌帷幄之中，制勝於無形。子房計謀其事，無知名，無勇功。圖難於易，為大於細。作〈留侯世家〉」〔註30〕，認為張良為漢策畫，一切謀算於心，竟能決勝於千里之外，又無所求，不爭名利功績，實屬難得；能以簡易之法突破困阨情勢，舉重若輕，故為之作傳。綜觀張良一生所謀，皆為漢助，目的是為韓報仇。其自言「家世相韓，及韓滅，不愛萬金之資，為韓報讎彊秦，天下振動。今以三寸舌，為帝者師，封萬戶、為列侯。此布

〔註30〕見〔漢〕司馬遷著，（日本）瀧川龜太郎注：《史記會注考證・太史公自序》，高雄市：麗文文化事業股份有限公司，二〇〇〇年九月初版。頁一三四三上左。

衣之極，於良足矣」〔註31〕，明其所以不求名達天下、不爭功勳勞績，面對高祖大封功臣時，任之自擇最豐饒的齊地三萬戶為封的優渥獎賞，仍能不動於心之因。高祖亦因其無所求而特重之，傳文中常見之頻稱其字，以示親愛。張良少時恃勇狙擊秦皇，失敗匿逃的經驗，使其學得必須能忍、有謀，才能達到目的。此後埋名十年，專習太公兵法有成，欲出而隨景駒時，道遇高祖，竟改從之，原因無他，即「良數以太公兵法說沛公，沛公善之，常用其策。良為他人言，皆不省」，除高祖外，其餘人皆無法悟解其策而善用之。俗云「士為知己者死」，況其目標一為覆秦，一為奪天下，所求結果一致？其後所畫，皆為漢之大計，太史公認為「所與上從容言天下事甚眾，非天下所以存亡，故不著」〔註32〕，明傳中所載皆為影響漢代深遠之事，亦為此傳所以置入世家體例之因。太史公藉此傳刻畫出謀臣的典型面貌，以「為韓報仇」為主眼，貫穿全文，並從中突顯出「智」。張良一生無他求，僅報仇而已，故達成後便急流勇退，與其他下場悲慘的異姓侯王對比強烈。其運籌帷幄，天下變化盡在掌握中的能力，世間少有，而生命經歷、結局等與他人不同，值得記錄的事跡甚多，故宜立為單傳，又因對漢朝的影響無比深遠，難有匹敵，置入世家，亦十分適宜。

二、《史記・陳丞相世家》

依《史記》所述，陳平，陽武戶牖鄉人。少時家貧，依兄而居，其嫂因怨其不事生產而見棄。及長，富者不與婚，而其欲娶富人張負孫女，設法引起張負注意，終得之，因而有交遊之資。時陳勝起，立魏咎為魏王，其辭別兄長往事魏，然魏咎不聽其計，又逢人讒毀，遂逃離，改事項籍，並從之入關。殷王反楚時，項籍使其攻之，降殷王而返。不久，高祖攻下殷地。項籍怒，欲誅先前定殷諸將。陳平恐之，遣使盡數歸還封賞後，獨自逃離，途遇劫難，亦靠急智化解，遂至修武，因魏無知的推薦而從高祖，並迅速得其信用，不因旁人讒毀而黜棄。其後，常以護軍中尉從高祖攻敵，屢獻奇計，助其離間楚營君臣、脫滎陽之困、擒韓信、解平城之圍等，終封為曲逆侯。及高祖病重，有人誣告

〔註31〕見〔漢〕司馬遷著，（日本）瀧川龜太郎注：《史記會注考證・留侯世家》，高雄市：麗文文化事業股份有限公司，二〇〇〇年九月初版。頁七九〇下左～七九一上右。

〔註32〕見〔漢〕司馬遷著，（日本）瀧川龜太郎注：《史記會注考證・留侯世家》，高雄市：麗文文化事業股份有限公司，二〇〇〇年九月初版。頁七九〇下左。

樊噲謀反，上召之與絳侯周勃前往斬殺平叛，然二人皆以為樊噲為高祖連襟，恐上悔之，故僅生擒，由陳護送往長安。未至，聞高祖崩，其立即兼程趕入宮中，哭於靈前，得呂后憐之，終無事，樊至亦無罪。惠帝六年（西元前一八九），王陵為右丞相，其為左丞相。不久，惠帝崩，呂后欲立諸呂為王，王反對而其贊同，故以之為右丞相，王則遷為太傅而不用，然其實偽聽之，及呂后崩，即與周勃合謀，平定諸呂，立代王劉恆為帝。文帝立，以周勃為右丞相而其為左丞相。不久，周自知才能不過陳平，稱病請辭，相權遂合為一，由其專之。文帝二年（西元前一七八）卒，諡為獻侯。

太史公以「六奇既用，諸侯賓從於漢。呂氏之事，平為本謀。終安宗廟、定社稷。作〈陳丞相世家〉」〔註33〕，指出所以立陳平為傳之因有三：六出奇計、同意立呂氏為王、滅呂立劉。三事皆影響漢室甚深：非其六出奇計，則無法屢解漢危；非其同意呂氏為王，則皇室子孫不會多遭劫難；非其謀畫，與周勃聯手，則劉漢存亡尚在未知之數。此亦為其傳置入世家之因。陳平出身寒微，所能依恃者，僅才智而已。除為漢解厄外，自身亦多次立於危牆之下，如逃離楚營、遭人讒毀、因樊噲送往長安而道聞高祖崩、呂后欲立呂氏為王等，稍有不慎，輕則見黜廢棄，重則性命難保，一回回朝堂變幻莫測的凶險，皆憑其才智化解，甚而能平步青雲，達到「一人之下、萬人之上」的相位，其周旋權勢間的智慧，不可不謂高。其為人習於詭變，敏於判斷，故行無定式，善於將自身置於最有利的位置。太史公以為其「傾側擾攘楚、魏之閒，卒歸高帝，常出奇計，救紛糾之難，振國家之患。及呂后時，事多故矣，然平竟自脫，定宗廟以榮名終，稱賢相。豈不善始善終哉！非知謀，孰能當此者乎」〔註34〕！讚美陳平能善用長才，做到常人難以達到的「善始善終」。《史記》此傳通篇以「奇計」為主眼，並突出其人「權變」的特色，揭示後人一個傳奇的智士風貌，使人得知貧寒之士如何憑藉自身才具，博得上位之機。陳平其人事跡甚夥，且經歷、行事風格、人物特性等皆獨具特色，與他人不相雷同，適宜立為單傳，而太史公以其能封侯傳世，且籌策、舉措皆影響漢世深遠，故置其傳於世家體，亦十分適合。

〔註33〕見〔漢〕司馬遷著，（日本）瀧川龜太郎注：《史記會注考證．太史公自序》，高雄市：麗文文化事業股份有限公司，二○○○年九月初版。頁一三四三上左。

〔註34〕見〔漢〕司馬遷著，（日本）瀧川龜太郎注：《史記會注考證．陳丞相世家》，高雄市：麗文文化事業股份有限公司，二○○○年九月初版。頁七九七下左。

三、《史記・絳侯世家》

據《史記》所載，周勃，沛縣人，以織為業，不時兼任吹簫送葬。其為人木訥敦厚，不好文學，有武才。高祖初起時即從之，常有戰績，初拜為虎賁令、威武侯，後以將軍從高祖，戰功累累。從高祖平燕王臧荼反後，封為絳侯。其後，仍常從高祖四處征戰。燕王盧綰反時，其以相國代樊噲領軍平叛，既定而高祖已崩，遂以列侯事惠帝。惠帝六年（西元前一八九），置太尉官，而以之為太尉。惠帝崩後，呂后欲立諸呂為王時，未力持反對。不久，呂后崩，諸呂欲掌政權，而其與陳平合謀，終滅諸呂，立代王劉恆為帝。文帝既立，以之為右丞相、陳為左丞相，然其自知才能不及陳，又恐有近禍及身，遂請歸相印，文帝許之。年餘，陳平卒，復以其為丞相，而不久後，文帝即請其為列侯示範，免相就國。居於國中，常深恐見誅，每當河東守尉巡縣至絳地時，總持兵披甲以見。其後，有人告其欲反，使之被逮捕訊問，而其總惶然不知所對，獄吏常侵凌之，後賄賂獄吏，得其教以脫身之法，以其媳公主為證，並將歷來封賞皆贈予薄太后兄薄昭，終得其助而脫身，復就國。文帝十一年（西元前一六九）時卒，諡為武侯。

太史公自言以「諸呂為從，謀弱京師，而勃反經合於權。吳、楚之兵，亞夫駐於昌邑，以戹齊、趙，而出委以梁。作絳侯世家」〔註35〕，認為周勃偽從諸呂，實為漢助，此舉合於權變之道，而其子周亞夫以梁國為盾，斷吳、楚軍糧，終平七國之亂。此傳形式上為單傳，實則錄此二事，並記周勃父子。滅諸呂、平吳、楚亂，二者皆影響漢朝根本甚深，故太史公將之置於世家體，並以子從父故，以周勃為主述，附傳周亞夫。

《史記》稱周勃「為人木彊敦厚」〔註36〕、「不好文學」〔註37〕，經歷漢初大殺功臣的時期後，常恐見誅，及被誣告下獄，面對獄吏時，竟是「勃恐，不知置辭」〔註38〕，生動塑造出一樸直武將拙於口舌的形象。周亞夫頗有乃父

〔註35〕見〔漢〕司馬遷著，（日本）瀧川龜太郎注：《史記會注考證・太史公自序》，高雄市：麗文文化事業股份有限公司，二○○○年九月初版。頁一三四三上左～下右。

〔註36〕見〔漢〕司馬遷著，（日本）瀧川龜太郎注：《史記會注考證・絳侯周勃世家》，高雄市：麗文文化事業股份有限公司，二○○○年九月初版。頁八○○上左。

〔註37〕見〔漢〕司馬遷著，（日本）瀧川龜太郎注：《史記會注考證・絳侯周勃世家》，高雄市：麗文文化事業股份有限公司，二○○○年九月初版。頁八○○上左。

〔註38〕見〔漢〕司馬遷著，（日本）瀧川龜太郎注：《史記會注考證・絳侯周勃世家》，高雄市：麗文文化事業股份有限公司，二○○○年九月初版。頁八○一上右。

之風，太史公稱其用兵「持威重執堅刃，穰苴曷有加焉」〔註39〕，美其治軍以威，有所堅持，比之於古軍事家司馬穰苴亦不遑多讓，然其為人「守節不遜」〔註40〕，無法見容於景帝，終至困蹇官途，陷於獄中絕食嘔血而死，令人不勝唏噓，而傳末以「悲夫」〔註41〕二字作結，是太史公亦為之傷心不已。《史記》藉此傳記錄漢初功垂漢室的名將，以周勃作為武將形象的代表，通篇以「樸直不文」為眼，並以周勃父子二人的結局，暗諷漢法的嚴苛與天子的無情。因周勃所歷事件重大，雖與陳平共經滅呂一事，然二人分別代表了不同的形象典型，一為武將，一為智士，而周勃晚年尚遭牢獄之災，陳平則能善始善終，生命歷程的風波起伏亦相異，太史公分立二傳，著重之處亦不同，故宜立為單傳，且以周亞夫為附傳，父子二人對漢皆有重大貢獻，結局卻是遭天子猜忌、視為眼中釘，更突顯出漢家對臣下的無情與苛刻。

太史公立〈留侯世家〉、〈陳丞相世家〉、〈絳侯世家〉三傳，分別代表了三種人物典型：謀臣、智士、武將，各以「為韓報仇」、「奇計」、「樸直不文」為主眼，貫穿全傳，而三人所歷遭遇則不盡相同，但同對漢朝有重大貢獻。《漢書》將三人合為一傳，並增入王陵事跡，所著眼之處為何？則須再了解王陵其人。

王陵於《史記》無傳，附傳於〈陳丞相世家〉，依傳文記載，其為沛縣人，初時為當地豪長，高祖事之如兄。為人任俠，喜好直言。高祖領軍先入咸陽時，自聚黨眾於南陽，不肯從高祖。後項籍以其母要脅，欲招降之，而其母待使者至，竟以死送之，欲其謹事高祖，王陵遂從高祖定天下。因與雍齒交好，且本不願追隨高祖，以故晚封為安國侯。惠帝六年（西元前一八九）時，為右丞相。不久，惠帝崩，因反對呂后立諸呂為王而被遷為太傅，怒陳平與周勃不力持反對，竟稱病不朝，七年而卒。

由其經歷可知，王陵以反對立呂氏為王，且與陳平同時為左右丞相，故附之於〈陳丞相世家〉，而見諸《史記》其他篇章，出現其紀錄之處，多有關諸呂封王事，可見其一生最要之事，為反對呂氏為王。

〔註39〕見〔漢〕司馬遷著，（日本）瀧川龜太郎注：《史記會注考證．絳侯周勃世家》，高雄市：麗文文化事業股份有限公司，二〇〇〇年九月初版。頁八〇四上右。

〔註40〕見〔漢〕司馬遷著，（日本）瀧川龜太郎注：《史記會注考證．絳侯周勃世家》，高雄市：麗文文化事業股份有限公司，二〇〇〇年九月初版。頁八〇四上右。

〔註41〕見〔漢〕司馬遷著，（日本）瀧川龜太郎注：《史記會注考證．絳侯周勃世家》，高雄市：麗文文化事業股份有限公司，二〇〇〇年九月初版。頁八〇四上右。

班固合張良、陳平、王陵、周勃等四人為一傳，僅稍加改寫句子，或援入其他篇章事例，其餘仍從《史記》所寫，而於〈敘傳〉中自言作傳之因：

> 留侯襲秦，作漢腹心，圖折武關，解阨鴻門。推齊銷印，毆致越、信；招賓四老，惟寧嗣君。陳公擾攘，歸漢乃安，斃范亡項，走狄擒韓，六奇既設，我罔艱難。安國廷爭，致仕杜門。絳侯矯矯，誅呂尊文。亞夫守節，吳、楚有勳〔註42〕。

認為張良為滅秦而成為漢朝重要的支柱，高祖依其計則先項籍入咸陽、避開鴻門宴的凶險，且順勢立韓信為齊王、反對復立六國後裔之議、網羅彭越與韓信共擊楚，皆漢定天下的關鍵，又使惠帝招四賢為輔，穩定繼承，是為大功。陳平轉事多主，只為求得重用，終遇高祖賞識，而專為漢謀略，設反間使楚君臣瓦解、助高祖脫平城之困、智擒韓信等，皆使漢朝能順利開創。王陵堅持白馬之盟，非劉氏不立，竟能當廷諫爭，後見事無轉圜，竟怒不朝請，稱病辭官，杜門不出，可謂忠心為漢。周勃為武將，能為滅諸呂、迎文帝的主力，於漢有功，及其子周亞夫，能平吳、楚之亂，亦有功勳。四人於漢皆有大功，故《漢書》述此合傳，然有功於漢者不少，班固何以擇此四人合傳，而非以他人相合？

合傳是以關係緊密而成傳，主述間必有貼合的關鍵。綜觀四人生平，起伏遭遇皆不同，但盡從高祖定天下，張、陳為謀士，王、周為武將。以仕宦而言，僅張良於天下大定後，功成身退，居於留地，其餘三人則相次為丞相；以對封呂為王的看法而言，張良不問事，《史》不載其議，王陵當場反對呂后所提，陳平、周勃則表示贊成，然亦偽聽之；以滅呂一事來看，時張良已薨，王陵杜門，僅陳平、周勃相與為謀。藉以上分析可知，張、陳、王、周四人生平遭遇相異，然有二處相同：一是同為高祖舊人，歷惠帝、呂后時期；一則是與立呂、滅呂有關。張良雖不參與議論，然其為呂后所脅，助惠帝穩固太子地位，而惠帝性溫且早逝，大權遂落入呂后手中，故其為呂后上位的契機。陳平、周勃於奉高祖令縛樊噲時，結為黨朋，後皆同意呂氏封王，待呂后崩，又合謀滅諸呂，是立呂、滅呂事件的關鍵人物，王陵則於眾人畏怯呂后權勢時，仍剛直不屈，當面廷爭，雖無法阻止封呂事件發生，但仍代表了當時的反對聲音。此二相同點，即為班固繫聯眾人之處，主眼則為「滅諸呂」，傳述四人的次序，則依其於《史記》篇章的出現先後為序。

〔註42〕見〔漢〕班固著，〔清〕王先謙注：《漢書補注．敘傳》，第二冊（全二冊），臺北市：藝文印書館，一九五五年六月初版。頁一七七六上左。

透過分析《漢書・張陳王周傳》與其所承襲的《史記》〈留侯世家〉、〈陳丞相世家〉、〈絳侯世家〉等三傳，可發現太史公於三傳各有意旨，並突出三人的個人特質，而班固稍改主旨，將三人以「滅諸呂」一事繫聯，並提升附傳王陵為主述，以其為該事件的另一股聲音，突顯事件本身，亦為一適當的組合。

第四節　併《史記》合傳且增入附傳人物為主角的合傳

此類為《漢書》合併《史記》合傳且增入附傳人物為主角者，僅有〈酈陸朱劉叔孫傳〉一篇，是以《史記》〈酈生陸賈列傳〉、〈劉敬叔孫通列傳〉為合併對象，並提升附傳人物朱建為主述而成。朱建本附於〈酈生陸賈列傳〉中，屬於提升本傳的附傳進入本傳一類，非外求他篇而來，原與本傳主述有所關聯，然《漢書》增他傳以相合，則朱建與其他主述間的關係為何？相合是否適當？則值得加以探討。《史記》合傳原各有篇旨，人物組合繫聯的關鍵亦不相同，班固取以相合，篇旨所重應有所移易，則其所著重之處為何？人物組合緊密與否？其考量與太史公有何相異？皆應仔細分辨，方可了解此間異同。

《漢書・酈陸朱劉叔孫傳》承《史記》二合傳而來，內容全襲用之，僅字詞略有刪改，而贊語多為班固新寫，可由此探察其意旨。以下先取《史記》〈酈生陸賈列傳〉、〈劉敬叔孫通列傳〉依序分析之，了解其原傳意旨，並探明朱建列為附傳之因後，再研討《漢書・酈陸朱劉叔孫傳》的立傳之旨，以明晰其中的變革轉易。

一、《史記・酈生陸賈列傳》

此傳原為《史記》一合傳，以酈生、陸賈為主述。酈生，即酈食其，陳留高陽人。好讀書，因家貧而為鄉里中監門的吏卒，卻無人膽敢役使，縣中皆稱之為「狂生」。後陳勝等人起兵，多次路過高陽，酈聞其將領皆剛愎自用之徒，便自隱不出，至高祖過陳留郊外時，方施計自薦，並獻計取陳留。其後常為說客，往來諸侯之間，其弟酈商則為將，亦從高祖。漢三年（西元前二〇四）秋，高祖被困滎陽，酈為之出使齊國，欲結同盟以拒楚。時韓信聞酈已不費一卒，說服齊王田廣，竟夜襲齊國。田廣怒，以為酈食其賣己，責其止漢軍，而其以狂言對之，遂遭烹。

陸賈，楚人，以門客身分從高祖定天下，因能言善辯而常為使者。高祖初定天下時，尉佗攻下南越，自立為王。高祖命其出使南越，賜印封尉佗為南越王。因順利完成使命，並使尉佗北面稱臣，而拜為太中大夫。其常於高祖前引經據典，說服其施政應廣行仁義、效法先聖，且獻書十二篇，號之為《新語》。惠帝時，呂后欲王諸呂，其自度不能強爭，遂引病辭官。其後，知右丞相陳平患諸呂擅權，即登門拜會，為之謀畫，與絳侯周勃深相結交，並得陳平資助，游走於公卿之間。平諸呂、立文帝，陸賈之功大焉。文帝時，欲遣人出使南越，眾皆薦之，而其亦不負使命，使尉佗不再僭制。後以壽終。

由太史公自言以「結言通使，約懷諸侯。諸侯咸親，歸漢為藩輔。作〈酈生陸賈列傳〉」〔註43〕可知，其以為二人皆善為使者，有戰國縱橫各地的游士說客之風，出而能說動諸侯，使之結盟，並為漢所用，成為藩輔，且於秦末漢初、天下擾攘之時，竟能不費兵卒，即可降伏敵將，獲得城池，實不能忽視。綜觀二人生平，除皆曾為高祖所遣使者外，遭遇、結局盡不同，然細察篇題，可發現太史公以「生」稱酈食其，點明其儒生本質，而陸賈常說高祖應行仁義、法先聖，更有《新語》傳世，論述古今成敗之因，以推仁義之治，皆為儒生之行，故可知其中繫聯二人的另一關鍵為「儒」。《史記》以此傳記秦末漢初猶有戰國遺風，說客各逞其能，縱橫於諸侯間，致力達成使命，並點出其「儒生」本質，顯示當時讀書人生逢亂世，仍能展現其能，不拘一格以應時變的現象。

二、《史記・劉敬叔孫通列傳》

據《史記》所載，此合傳以劉敬、叔孫通為主述。劉敬，原姓婁，齊人。漢五年（西元前二〇二），天下初定。婁敬被遣戍隴西時，負責牽輓鹿車。途經洛陽時，知高祖在此，即解輓輅，衣羊裘，見虞將軍，言有事稟上。虞將軍，亦齊人也，欲為之引，先使其更美衣，然其拒之，遂以羊裘面上，因而言定都洛陽之弊，與都秦關中之利。高祖疑而未決，得張良明言都關中為善，竟即日西往定都關中。因其有首倡之功，賜姓為劉，號奉春君。漢七年（西元前二〇〇），韓王信反，與匈奴合謀擊漢。高祖親征而不聽其諫，以為匈奴貧弱可擊，遂中奇伏，被困平城七日。脫困後，高祖悔不聽其言，封之二千戶，為關內侯，號建信侯。是時，高祖患匈奴擾邊，以此問之，而其以為民疲於兵，不可力戰，獻上和親之策。高祖採用，並遣之與匈奴定下和親之約。其返漢後，向高祖言途中所見，以為關中歷經戰亂，雖為國都，然地廣人少，又近匈奴，宜遷六國

〔註43〕見〔漢〕司馬遷著，（日本）瀧川龜太郎注：《史記會注考證・太史公自序》，高雄市：麗文文化事業股份有限公司，二〇〇〇年九月初版。頁一三四五上右。

遺族與各地豪強居關中，一來備胡，二來可為皇室親衛，防諸侯生變。高祖然其言，使其徙所言者十餘萬人，盡居關中。

叔孫通，薛人。秦時以博學為博士待詔。時陳勝起義，秦二世召博士諸生問策，三十餘人皆言陳為逆亂，應發兵擊之。二世聞言，面有怒色，叔孫遂排眾而出，言陳僅小盜，明主在上，何須憂之？令郡縣守尉捕之即可。二世大喜，盡問諸生，使言反者皆下獄，而賜其帛二十匹、衣一襲，拜為博士。人怪其之諛上，然其正藉此脫險，立即逃往薛地。是時，薛已降楚，因而從事項梁，此後轉事義帝、項籍，至漢二年，高祖入彭城，其降後從之，不再易主。知高祖惡儒，即變其服，多薦豪強之士於上。所從弟子怪之不薦我等，其則以天下方戰，未可用儒，請諸弟子暫待時機。後高祖拜其為博士，號稷嗣君。漢五年（西元前二〇二），天下大定，高祖盡去秦苛儀法，然患諸將舉止無度，叔孫知之，說上用其與儒生共訂朝儀，又徵魯諸生三十餘人、高祖左右的儒者，及弟子百餘人，於野外練習。請高祖試觀後，龍心大悅，遂使百官皆習此儀。因其使諸官朝會，舉止有度，遂拜為太常，並賜金五百斤。其因而進薦諸弟子，而高祖盡以為郎官，後又將五百斤金盡予諸弟子，諸生遂喜謂其聖人，知世務之變。漢九年（西元前一九八），為太子太傅。漢十二年（西元前一九五），高祖欲易太子，其以理薦之，又逢張良使惠帝招賓四老，遂無易太子。後惠帝即位，徙其為太常，定宗廟儀法等，盡出其手。不久，惠帝築道經宗廟道，因其諫而廣多建廟，以示孝本，又因惠帝曾出宮春游，其以為無故，故託言果熟，請惠帝出而取之，獻之宗廟，此為獻果之始。

由太史公自言以「徙彊族關中，和約匈奴；明朝廷禮，次宗廟儀法。作〈劉敬叔孫通列傳〉」〔註44〕，又於傳末太史公曰中，稱「劉敬脫輓輅，一說建萬世之安」〔註45〕、「叔孫通希世，度務制禮，進退與時變化，卒為漢家儒宗」〔註46〕，可知其十分欣賞劉、叔孫二人，認為劉敬建言定都關中，先得地利之機，又遷各地豪強居於關中，發揮翼護皇室、國都之效，而與匈奴結和親之約，

〔註44〕見〔漢〕司馬遷著，（日本）瀧川龜太郎注：《史記會注考證．太史公自序》，高雄市：麗文文化事業股份有限公司，二〇〇〇年九月初版。頁一三四五上右。

〔註45〕見〔漢〕司馬遷著，（日本）瀧川龜太郎注：《史記會注考證．劉敬叔孫通列傳》，高雄市：麗文文化事業股份有限公司，二〇〇〇年九月初版。頁一〇八八上左。

〔註46〕見〔漢〕司馬遷著，（日本）瀧川龜太郎注：《史記會注考證．劉敬叔孫通列傳》，高雄市：麗文文化事業股份有限公司，二〇〇〇年九月初版。頁一〇八八上左。

使凋敝的民生得以休息，皆有助於穩定漢初的局勢；叔孫通制定朝儀，又明訂宗廟儀法等各項儀制，使人進退有度，成為漢儀之基。二人所為，皆當代大事，故太史公不得不錄。

細察二人生平，無相同之處，行事作風亦不同。劉敬身穿羊裘面上，不以為辱，亦不畏高祖觀感，誠懇且低調，只想將建言傳達出去；叔孫通善察顏色，見二世怒而諂之，知高祖不喜則改之，隨時變化，終能發揮自身長才，做一番事業。如此看來，二人一來際遇無相同之處，二來個人特質無法形成對比以託旨意，則太史公合之成傳的關鍵，僅能由其所促成的大事中去尋覓。吳福助以為「徙豪傑而古代封建之遺自此亡，定朝儀而古代君臣之禮自此廢，古今之變，二人之力也」〔註47〕。封建制度自西周始，至春秋戰國時期，許多世族已於各諸侯國根深柢固，於國中有地利、人和之便，雖經秦朝廢封建、行郡縣，強力鎮壓並銷毀兵器，然秦享天下時日短淺，六國遺族的影響力仍然存在，故陳勝一起而各地響應，其中最具號召力的便是託言六國後裔。劉敬建言並成功遷徙各地豪強至關中居住，形同將其連根拔起，重新分配、調整全國勢力，豪強們又居於天子腳下，難以輕舉妄動，非以往「天高皇帝遠」的情勢可比，故可謂「古代封建之遺自此亡」。叔孫通博學多識，融合古禮與秦儀，並度時務，為漢朝量身打造各項儀法，而其所指的古禮，即為周公所制定的周朝禮法。周公制禮作樂，穩定了周朝的封建制度，使之上下有別、尊卑有分，雖至東周時已有所崩壞，然仍能保存部分，後歷秦一朝，更增損益，而秦火過後，相關文獻可能已付之闕如，又逢戰亂，早已所剩無幾。叔孫通省度世務而制儀，所取者應是近世的秦儀多、遠世的周儀少，故可謂「古代君臣之禮自此廢」。如此則二人的繫聯處即為「古今之變」，而太史公作《史記》的主要原因之一為「通古今之變」，見此二人的作為，則不能不激動於心，發為文字，將之合而成傳，讚美二人所議定者皆漢之大制，且為古今之變的表徵。由此觀之，則劉敬、叔孫通二人以皆制漢之大事、促成古今之變為繫聯，因關係緊密而貼合成傳，十分恰當。

透過分析，可知《史記》〈酈生陸賈列傳〉與〈劉敬叔孫通列傳〉，雖皆為合傳，然成傳之因與主述間的繫聯皆不相同，而《漢書》將之合成一傳，且提升前者的附傳朱建為主述之一，是班固所重者何？因何與太史公有所差異？

〔註47〕見吳福助：《史記解題》，《掌故叢書》〇〇六冊，臺北市：河洛圖書出版社，一九七九年四月臺初版。頁一二三。

欲探求其因，則須再了解朱建其人。

朱建，楚人，初為淮南王黥布之相，有罪而去，後復事之。黥布欲反時，其諫之不可，然黥布不聽，終因謀反見誅。因曾諫黥布而無罪，賜號平原君。其為人言語便給而性格剛廉，不苟合於眾。時辟陽侯審食其欲相結交，而其因審無行而不假辭色。及朱母死，家無餘金治喪，而陸賈素與之相善，貸金助其發喪，又往說審食其，使之為朱母送喪，以與之結交。後有人毀審食其於惠帝，帝怒而欲誅之，呂后欲救而羞於言，審遣人急向其求救，而其託言不見，私為之游說於惠帝近臣閎籍孺。審原以為無救，不料竟得脫。後諸呂盡滅，審竟無事，皆因陸賈、朱建之助。後淮南厲王劉長刺殺審，而文帝聞其曾為審謀畫，欲捕而治之。聞吏至門，遂自殺以保諸子。

朱建一生大事，為助審食其脫禍，且以游說成其功，如酈、陸一路，而其與審相結交、助之脫禍，又皆與陸賈有關，故《史記》附之於〈酈生陸賈列傳〉，無可議之處。

綜觀酈食其、陸賈、朱建、劉敬、叔孫通等五人的生平，經歷起伏不盡相同，班固將之合為一傳，並於〈敘傳〉中稱述傳之因為：

> 食其監門，長揖漢王，畫襲陳留，進收敖倉，塞隘杜津，王基以張。賈作行人，百越來賓，從容風議，博我以文。敬繇役夫，遷京定都，內強關中，外和匈奴。叔孫奉常，與時抑揚，稅介免冑，禮義是創。或悊或謀，觀國之光〔註48〕。

分別稱說各人功績，一一數來，皆對漢朝有相當的影響，故終稱或以其智，或以其謀，躬逢王朝初起之時，成為君王的座賓。其中獨漏朱建事跡，以其事可錄者僅救審食其而已，非有功於漢，亦非效力於王朝，則可明顯看出朱與其餘四人之功不相侔，顯現此合傳主述間內部參差的端倪。

於其傳贊則稱：

> 高祖以征伐定天下，而縉紳之徒騁其知辯，並成大業。語曰「廊廟之材非一木之枝，帝王之功非一士之略」，信哉！劉敬脫輓輅而建金城之安，叔孫通舍枹鼓而立一王之儀，遇其時也。酈生自匿監門，待主然後出，猶不免鼎鑊。朱建始名廉直，既距辟陽，不終其節，亦以喪身。陸賈位止大夫，致仕諸呂，不受憂責，從容平、勃之間，

〔註48〕見〔漢〕班固著，〔清〕王先謙注：《漢書補注．敘傳》，第二冊（全二冊），臺北市：藝文印書館，一九五五年六月初版。頁一七七六下右。

附會將相以彊社稷，身名俱榮，其最優乎〔註49〕！

認為劉敬、叔孫通以遇時而成其功業；酈食其雖待主而出，仍難逃被烹；朱建初以剛直廉正聞名，拒與審食其往來，然因母喪無以發，難續拒之，終因審事亡身，而以陸賈不受諸呂事件影響，為陳平、周勃獻計、牽線，使其結為同盟以滅呂，終能維護劉氏皇統，其身名皆榮，是諸人中最好的結局。贊中以「高祖以征伐定天下，而縉紳之徒騁其知辯，並成大業」繫聯五人，即五人關係之密是來自於「縉紳之徒」、「騁其知辯」、「並成大業」三處，然一一論之，可發現其中存在些許參差。縉紳之徒，指的是身著儒服的人，即讀書人，而五人非盡為是，僅酈、陸、叔孫三人為儒生。太史公稱酈食其「好讀書」〔註50〕，陸賈則常於高祖前「說稱《詩》、《書》」〔註51〕，並著《新語》傳世，而叔孫通秦時原以博學多聞為博士待詔，著儒服，有弟子門生相隨，能招魯地諸生共制朝儀，並訂定各項儀法傳世，三人皆有儒生之行，故《史記》中屢稱其為「酈生」、「陸生」、「叔孫生」，《漢書》亦沿用之，顯示雙方皆以為此三人為儒；於朱建則稱其「為人辯有口，刻廉剛直」〔註52〕，說明其辯才與性格，且「行不苟合，義不取容」〔註53〕，講求行為的正直，又與陸賈相善，有類儒生，然以母故不能堅守，卒因報審知遇而亡身，舉措更近於戰國義士，而於劉敬，更不見儒生行徑，此二人難以列同於酈、陸、叔孫。以「騁其知辯」論之，可發現五人皆有游說他人之實，然性質殊異，酈、陸、朱三人一說而成其目的，其中不無周旋煽動之辭，猶有縱橫餘風，劉、叔孫則不然，詳實無華，一說而變古今之制。吳福助以為《史記》之所以分別五人為二合傳，即因劉、叔孫「兩人皆有高世之智，知時變，能為國家建大計奠始基，其作風與酈、陸之沿習戰國者異」〔註54〕，亦以其性質論之。另以與高祖「並成大業」論之，則朱建無倫，

〔註49〕見〔漢〕班固著，〔清〕王先謙注：《漢書補注．酈陸朱劉叔孫傳》，第三冊（全二冊），臺北市：藝文印書館，一九五五年六月初版。頁一〇三三下右～下左。

〔註50〕見〔漢〕司馬遷著，（日本）瀧川龜太郎注：《史記會注考證．酈生陸賈列傳》，高雄市：麗文文化事業股份有限公司，二〇〇〇年九月初版。頁一〇七二上左。

〔註51〕見〔漢〕司馬遷著，（日本）瀧川龜太郎注：《史記會注考證．酈生陸賈列傳》，高雄市：麗文文化事業股份有限公司，二〇〇〇年九月初版。頁一〇七五下右。

〔註52〕見〔漢〕司馬遷著，（日本）瀧川龜太郎注：《史記會注考證．酈生陸賈列傳》，高雄市：麗文文化事業股份有限公司，二〇〇〇年九月初版。頁一〇七七上右。

〔註53〕見〔漢〕司馬遷著，（日本）瀧川龜太郎注：《史記會注考證．酈生陸賈列傳》，高雄市：麗文文化事業股份有限公司，二〇〇〇年九月初版。頁一〇七七上右。

〔註54〕見吳福助：《史記解題》，《掌故叢書》〇〇六冊，臺北市：河洛圖書出版社，一九七九年四月臺初版。頁一二三。

不若酈為說客往來諸侯、陸降伏南越並獻計滅呂、劉議定都、和親、實都之策、叔孫建各項儀法等，皆有功於漢。

由此可知，班固列述「縉紳之徒」、「騁其知辯」、「並成大業」三項，僅「騁其知辯」能盡收五人，然其間性質仍有所異，五人的繫聯並不十分緊密，未若太史公以「說使」、「儒生」合酈食其、陸賈為〈酈生陸賈列傳〉，附傳朱建，與以「定國之大事」、「變古今之制」收劉敬、叔孫通二人為〈劉敬叔孫通列傳〉的密合。

第五節　併《史記》單傳、合傳且增入附傳人物為主角的合傳

此類為《漢書》合併《史記》單傳、合傳且增入附傳人物為主角者，僅有〈竇田灌韓傳〉一篇，是以《史記》合傳〈魏其武安侯列傳〉、單傳〈韓長孺列傳〉為合併對象，並提升前者的附傳人物灌夫為主述而成。灌夫本附於〈魏其武安侯列傳〉中，屬於提升本傳的附傳進入本傳一類，原與本傳主述有所關聯，然提升後，是否能與各個主述緊密繫聯？《漢書》增以他傳相合，則篇旨是否有所移易？人物組合間是否關係密切？皆為可論之處。

形式上，《史記》相關人物有單傳、合傳、附傳等三種傳述形式，而《漢書》併鎔為合傳一篇；篇題原有「稱其爵號」、「以字稱之」二種命題法，《漢書》則唯書其姓氏，較為客觀齊整。內容上，〈竇田灌韓傳〉僅於韓安國的部分，增入其與王恢廷辯對外政策的詳細內容，餘則為個別字句上的刪改；於贊語部分，合論竇、田、灌、韓四人，併及附傳藉福、王恢，其中多採《史記．魏其武安侯列傳》太史公曰，而新寫論韓部份。以下分由《史記》各相關篇章，探討人物特色與組合關係，及附傳人物於原傳中的地位，與主述間的關係等，再析論《漢書》整併前後的差異，以明《史》、《漢》組合人物的考量。

一、《史記．魏其武安侯列傳》

此傳原合魏其侯竇嬰、武安侯田蚡為傳，附傳灌夫，而以爵號命篇。太史公合竇、田二人，認為其間繫聯緊密，而其關係須自二人生平中尋覓，方能得知。據《史記》所載，竇嬰，文帝竇皇后堂姪。文帝時曾為吳相，因病辭官。景帝時為詹事，曾諫景帝欲立少弟梁孝王劉武為嗣之舉，因而與寵愛么兒的竇太后有嫌隙，不久再度因病免官。景帝三年，吳、楚等七國叛亂，帝以為族親

之中，無人賢於竇嬰，故堅請之出任大將軍，守滎陽，牽制齊、趙之兵。七國亂平後，受封為魏其侯，眾人爭為其門客。後又為景帝廢栗太子故，爭之不得，避居不朝，因門客高遂分析利弊而朝請如故。武帝時為丞相，因推廣儒術而觸怒竇太后，遭事牽連而被免職，以侯居家。因失勢，門客漸散或不敬，唯灌夫顏色如故，故亦以厚待回報。不久，因丞相田蚡過訪與請田二事，而與之有隙。元光三年（西元前一三二），田娶燕王女為夫人，灌夫罵坐於席，而其救之不得，為言於上。武帝許其廷辯於朝會，然不及田蚡善道，而群臣莫能助之。王太后聞此事，甚怒，驅使武帝責其欺謾之罪。景帝時，竇常受遺詔，許其能便宜論說於上，及事急，遂使族人上書言之，竟被劾矯詔，罪當死。元光四年（西元前一三一）十月，灌夫族誅。其良久乃聞，聞即病，不食不醫欲死，後聽聞武帝無意殺之，復食延醫。原已議定不死，卻忽有流言惡語風聞於上，竟於該年十二月，誅於渭城。

田蚡，景帝王皇后之弟。未貴時，事竇嬰如親長。及景帝晚年，益貴。武帝初年，封為武安侯，且有野心，欲為丞相，特卑下己身，貴賓客，欲勝竇嬰所納。建元元年（西元前一四〇），用藉福議，請以竇嬰為丞相，而其果得太尉之位。不久，因推廣儒術、驅列侯就國而讒毀日至，更觸怒竇太后，遂免官，以侯居家，然其雖不任職，以王太后親幸故，所言皆納，勢利者多依附之，奪竇嬰賓客，日益驕橫。建元六年（西元前一三五），竇太后崩後，其為丞相，諸侯、士人更趨附之。時武帝初掌權，其以親幸故，所言皆用，甚而稍侵帝權，驕奢太過，引武帝不滿而不自知。不久，因過訪竇嬰、請竇嬰田二事，與之及灌夫有隙，深怨怒之。元光三年（西元前一三二），彈劾灌氏橫行潁川，灌亦持其陰事欲告，而因賓客周旋其間，終相安無事。該年夏，娶燕王女為夫人，灌夫使酒罵坐，其繫之居室，併及前事，捕其族屬，皆判死罪。因竇嬰欲救之，武帝許其廷議，而與竇辯，進而誣其與灌共謀逆反。時群臣皆不敢言，惟韓安國言二人皆是。此情為太后所知，怒人欺弟而武帝不理，使帝責竇、灌之罪。十月，誅灌夫族。十二月，誅竇嬰於渭城。數月後，病甚，呼號謝罪而死。

綜觀竇、田生平，二人同為外戚出身，一以武功晉升，一以親幸上位，原親如父侄，後相互鬥爭，糾纏難分，卒相滅亡。其中，非竇則難以形田的驕奢不正，非田則無以敗竇至此，二人以外戚身分，爭於廷前，而武帝表面兩不相幫，實則欲藉眾臣議論來削減田蚡威勢，然因竇太后薨而王太后尚存，竟無人敢表明支持竇嬰，武帝亦難擋其母的施壓，遂陷竇於獄，終難保身。竇嬰的敗亡，顯示竇氏一族的勢力已不復以往，而田氏正方興未艾，若非田蚡早亡，恐怕武帝日後亦會設法剷除。太史公自言以「吳、楚為亂，宗屬唯嬰賢而喜士，士鄉之，率師抗山東、滎陽」〔註55〕作此傳，其中僅提到竇嬰事跡，以其為宗屬中最賢，能得人，於吳、楚亂時建立大功，而與田蚡無涉，無法經此看出合二人同傳的關鍵，復察該傳傳末太史公曰：

> 魏其、武安皆以外戚重。灌夫用一時決筴而名顯。魏其之舉，以吳、楚；武安之貴，在日月之際，然魏其誠不知時變，灌夫無術而不遜，兩人相翼，乃成禍亂。武安負貴而好權，杯酒責望，陷彼兩賢。嗚呼哀哉！遷怒及人，命亦不延。眾庶不載，竟被惡言。嗚呼哀哉！禍所從來矣〔註56〕！

太史公認為竇、田二人皆因身為外戚而受重用，竇於吳、楚之亂時立功，田則得寵於武帝、王太后間，然竇不知時勢，又與逞勇不遜的灌夫相為引重，遂招至滅亡，而田蚡以細故陷人至死，命亦不長。其中，太史公以「外戚」糾合竇、田二人，其關鍵在於「時變」二字。時武帝臨朝，年輕的天子仍難抵來自後宮的施壓，二太后勢力於朝中盤錯，竇太后已老，而王太后正欲用事，整個朝堂正隱隱處於新舊交替的鬥爭時期。竇嬰為竇太后宗屬，雖賢而有能，卻常與之衝突，遂不見寵，且其失勢不久，竇太后即薨，更無良機重得皇室眷顧；反之，田蚡為王太后親弟、武帝之舅，與皇室關係較竇嬰親近，雖見黜於尊儒事件，仍得上位者親幸，一待竇太后薨，搖身立為丞相。二人所依恃者，一是日薄西山，猶有餘威；一則如日方中，氣燄正炎，不可同日而語。竇嬰雖有才，卻不自知所依憑者為竇太后，失寵後猶忿忿不平，看不破名利之所由來，而與灌夫往來，更為之與新貴的田蚡起衝突，廷辯於朝，不思靠山已失，難以回天。其與灌夫之交，亦非知心刎頸之流，而是「及魏其侯失勢，亦欲倚灌夫，引繩批根生平慕之後棄之者；灌夫亦倚魏其，而通列侯宗室為名高」〔註57〕，方才相知恨晚，游如父子，是失意、憤懣的聚合。太史公指出其中糾結，皆因竇嬰不

〔註55〕見〔漢〕司馬遷著，（日本）瀧川龜太郎注：《史記會注考證．太史公自序》，高雄市：麗文文化事業股份有限公司，二〇〇〇年九月初版。頁一三四五上左。

〔註56〕見〔漢〕司馬遷著，（日本）瀧川龜太郎注：《史記會注考證．魏其武安侯列傳》，高雄市：麗文文化事業股份有限公司，二〇〇〇年九月初版。頁一一四二下左～一一四三上右。

〔註57〕見〔漢〕司馬遷著，（日本）瀧川龜太郎注：《史記會注考證．魏其武安侯列傳》，高雄市：麗文文化事業股份有限公司，二〇〇〇年九月初版。頁一一三九下右。

知時變，輔以灌夫好陵貴、田蚡驕橫，遂衍生而出。竇、田二人出身同，交相傾軋而後接連殞亡，命運錯節難分，《史記》表面以此傳記錄外戚間的細故紛爭，實則以之記武帝朝竇、王兩太后勢力傾軋的現象，藉一場廷辯，側寫出當時群臣噤若寒蟬的明哲保身，以及武帝敢怒不敢言的受制形象，而竇嬰的不自知與徒勞掙扎，令人可笑復可歎，故太史公連用二次「嗚呼哀哉」，歎其死之屈，並稱「禍所從來矣」，指出此間紛擾皆因後宮干政。

灌夫為其附傳，於竇、田相爭事件中，扮演催化劑的角色。依傳文記載，灌夫，潁陰人。原姓張。其父張孟曾為潁陰侯灌嬰舍人，蒙灌姓，是為灌孟。吳、楚亂時，灌孟父子俱在軍中，父死於吳，灌夫不與喪歸家，反募壯士與之馳戰吳軍，殺傷數十人，身披大創而返。吳破後，以此名聞天下。景帝以之為中郎將，不久，因事去職。後居於長安，長者無不稱說。景帝時，官至代相。武帝時，徙為淮陽太守，因醉毆竇后族弟竇甫，帝恐其被誅，徙之為燕相，數歲後坐法失官。其為人剛直任俠，好使酒，惡面諛，常陵權貴而尊卑賤，門客眾多。其族與賓客藉其勢，橫行潁川。其家居時雖富，然因失勢而賓客益去，及魏其侯竇嬰亦失勢，遂相為引重，相知恨晚。不久，與丞相田蚡因過訪竇嬰事、請竇嬰田事，發生衝突，田遂深怨其與竇嬰。武帝元光三年（西元前一三二）春，田蚡彈劾灌氏橫行潁川，其亦持田陰事欲告，賓客居中調解，遂無事。該年夏，田娶燕王女為夫人，太后詔請列侯宗室往賀，其於席上使酒罵坐，而田繫之居室，劾其罵坐不敬，併及前事，捕其支屬，皆判死罪。竇嬰銳力營救，而武帝許之於朝會廷辯，然爭論不過田蚡，更被誣與灌意圖謀反。武帝問朝臣，僅韓安國稱二人所言皆是，而汲黯、鄭當時雖以竇為是，卻不敢堅對，餘則莫敢對答。武帝震怒，而太后亦怒，強使之責竇嬰欺君罔上、灌夫罪至誅族。元光四年（西元前一三一）十月，誅灌夫及其族屬。

細觀灌夫生平，最可記述者為其出入吳軍之勇，及其與竇、田相爭事件間的關係。自其失勢始與竇嬰往來甚密，而與田蚡互生嫌隙，則始於為竇嬰邀客。其為人素行，使之於事件中扮演催化的角色：性格任俠重然諾，使之為竇力邀田蚡，然其不至，顏面無光之餘，更不惜親請，埋下仇田心態；好使酒，且喜陵權貴，使之再三折辱田蚡，更波及他人如臨汝侯灌賢、程不識等，終讓田借機發揮，治其罵坐不敬，而使竇投身營救。無之，則竇、田齟齬尚不明顯；無之，則竇、田不至於正面交鋒，然雖為一重要的關鍵人物，其出身卻與竇、田不同，所引發的事端僅為導火線而已，於事件的結局而言，更非決定性人物，故因與事件牽連而附傳於〈魏其武安侯列傳〉。

二、《史記・韓長孺列傳》

本篇為專記韓安國的單傳，篇題稱「長孺」，是以其字命題。據《史記》記載，韓安國，字長孺，原梁成安人，徙睢陽。其學為法家、雜家學說，景帝時，事梁孝王劉武，為中大夫。吳、楚亂時，與張羽為將，一沉穩持重，一能力戰，故能成功抵擋吳兵進犯。未幾，梁王出入僭制，使景帝不快，竇太后亦使人責之，而韓安國為使者，為之言於館陶公主與太后，進而解帝心之結。後坐法抵罪，遭獄吏羞辱，然太后遣使拜其為梁內吏時，竟寬宥對方。時梁王以公孫詭、羊勝之說，遣人刺殺漢廷大臣及袁盎，景帝下令追捕公孫、羊二人，然梁王匿之，此事終因其勸說乃解。後又坐法失官。武帝時，以五百金賄賂親貴田蚡，方為北地都尉，再遷為大司農。建元六年（西元前一三五），田蚡為相而其為御史大夫。匈奴來請和親，王恢主戰，然其主和，指出與戰的弊病，而群臣多附議之。未料和親之後，武帝竟用王恢言，施計誘敵，欲滅單于，終因被識破而敗。其為人遠慮，所發者皆合於世論，而本之忠厚，雖貪財，然所舉薦者皆廉潔之士，如壺遂、臧固等，故士亦以此稱譽傾慕之。其為御史大夫四年餘，丞相田蚡死，因而行代相之責，為帝前導，竟墮車傷腿。武帝本欲以之為丞相，見此而改以平棘侯薛澤為相。及其腿癒，輾轉而為中尉、衛尉。後為材官將軍，屯於漁陽，因錯誤情報而遭匈奴奇襲。武帝大怒，遣使責之，並徙其東屯右北平。其始見重用，後竟疏遠，又為匈奴所欺，以此鬱鬱不樂，數月後嘔血而亡，卒於武帝元朔二年（西元前一二七）中。

太史公自言因韓安國「智足以應近世之變，寬足用得人」〔註 58〕，遂作此傳，分由才智、性格兩方面加以讚揚。細觀其生平，屢以大智慧化解變故，《史記》稱「安國持重」〔註 59〕，點出其謹慎穩重且著眼全局的行事風格，如首事梁孝王時，機敏察覺景帝心結，並迂迴透過館陶公主，化解梁王僭制可能造成的滅國危機，使寵愛么子的竇太后青眼有加。因此，當梁王聽信人言，作出危國之舉時，太后立即安插其至梁國為相，果然順利化解梁王使人刺殺漢廷重臣

〔註 58〕見〔漢〕司馬遷著，（日本）瀧川龜太郎注：《史記會注考證・太史公自序》，高雄市：麗文文化事業股份有限公司，二〇〇〇年九月初版。頁一三四五上左～下右。

〔註 59〕見〔漢〕司馬遷著，（日本）瀧川龜太郎注：《史記會注考證・韓長孺列傳》，高雄市：麗文文化事業股份有限公司，二〇〇〇年九月初版。頁一一四四上左。

之事，保住太后、景帝、梁王間的母子、兄弟之情，而太后與景帝以之更重其能。免官居家時，送金賂田蚡以重回朝堂，是欲為大用而捐細節，至議匈奴對策時，力主和親，亦是考慮萬端，以為匈奴居無定所，難以全制，漢兵千里爭利，人馬疲敝，竟欲爭強，實為不智，然武帝不聽，後果證其言。傳稱「安國為人多大略，智足以當世取舍，而出於忠厚焉」〔註60〕，認為其謀多顧全大局，能因應時勢的各種變化，且歸本於忠厚。其曾受辱於獄吏，然復官時，卻未報私仇，反善待該吏，可見其能恕人，而因性格寬厚，所薦者不諱賢於己者，故天下士人皆慕其名，欲為之用，武帝因此視之為國家棟樑。韓安國既不優柔承上，亦非面忤之臣，所建言者，皆務求將傷害減至最低，維護國家元氣，是為社稷之臣。太史公以此傳記一良臣，而以「長者」為眼目，並於太史公曰中，再三稱說韓所推舉的壺遂，以之與其相形：

> 余與壺遂定律曆，觀韓長孺之義，壺遂之深中隱厚。世之言梁多長者，不虛哉！壺遂官至詹事，天子方倚以為漢相，會遂卒。不然，壺遂之內廉行脩，斯鞠躬君子也〔註61〕。

太史公曾與壺遂共事，由壺遂的忠厚持重，了解韓安國的為人，並肯定世謂梁地多長者之言為實，是以「長者」囊括韓、壺二人。以壺遂形韓，是因二人有共通之處：出身梁地、為人持重、天子欲倚為相時，韓墮車傷腿而壺逝世，皆發生不幸之事，終無重用。太史公歎壺遂運蹇，亦是為韓而歎，而贊壺為君子，則是稱許韓所薦者善，真能推才於上。另，稱韓安國為「韓長孺」，是以字稱之，太史公以之示親愛之意，並呼應其篇題。

《史記》以〈魏其武安侯列傳〉記武帝朝竇、王兩太后勢力傾軋的現象，且以「時變」為眼，用「外戚」合竇嬰、田蚡二人，以之表其背後的勢力，寫二人於朝堂風雲變幻時的恩怨糾葛，並以「不知時變」為竇嬰作結，而田蚡命亦不延，顯示惡鬥之下，皆無好結局；以〈韓長孺列傳〉錄一能為國舉才的持重良臣，所著眼者大，以維持國家元氣為重，是社稷之臣，而《漢書》將此三人合為一傳，並提升附傳灌夫為主述，所重者何？且承襲《史記》者多，刪改者少，惟贊語於韓安國部分為新寫，與〈敘傳〉論此傳等二處，較能見班固新

〔註60〕見〔漢〕司馬遷著，（日本）瀧川龜太郎注：《史記會注考證．韓長孺列傳》，高雄市：麗文文化事業股份有限公司，二〇〇〇年九月初版。頁一一四六下左。

〔註61〕見〔漢〕司馬遷著，（日本）瀧川龜太郎注：《史記會注考證．韓長孺列傳》，高雄市：麗文文化事業股份有限公司，二〇〇〇年九月初版。頁一一四七下右。

意，今則就之推論其立傳的心旨，並尋其人物聯繫之跡。

班固於《漢書・敘傳》中，自言其立傳之因為：

> 魏其翩翩，好節慕聲，灌夫矜勇，武安驕盈，凶德相挻，旤敗用成。安國壯趾，王恢兵首，彼若天命，此近人咎〔註62〕。

認為竇嬰好名、灌夫誇勇、田蚡驕橫，遂聚而成禍；韓安國傷足，錯失丞相之位，為天命使然，而王恢議啟兵禍，終喪己身，則是人為所致。其中所評，以竇、灌、田等三人為一組，另一組為韓、王二人，難見其間繫聯，且王恢為附傳，於此作評是與韓成對比，強調天命、人咎之別。其傳末贊語稱：

> 竇嬰、田蚡皆以外戚重，灌夫用一時決策，而各名顯，並位卿相，大業定矣。然嬰不知時變，夫亡術而不遜，蚡負貴而驕溢。凶德參會，待時而發，藉福區區其間，惡能救斯敗哉！以韓安國之見器，臨其摯而顛墜，陵夷以憂死，遇合有命，悲夫！若王恢為兵首而受其咎，豈命也虖〔註63〕？

班固以為竇嬰、田蚡、灌夫皆已名顯當世，然各有性格上的缺陷，故三方聚集時，禍敗是必然的，藉福居中提出忠告，亦難救其亡，而韓安國原見重於上，將為相時竟傷足，繼而見陵，終以抑鬱亡，是命中注定無法遇合於時；王恢議出兵，終以出兵死，亦是其命。由其贊語，可發現班固將此數人的結局，歸咎於天命時運，然以之糾合眾人，似嫌不甚緊密，應另有繫聯之處。

細察竇、田、灌、韓四人的生平，竇、田出身外戚，灌以武功而韓為文臣，起始已異，而後竇、灌以失勢相迴護，田方擁權，韓則運蹇失位，際遇有別，且以個性論，竇嬰喜名、田蚡驕橫、灌夫誇勇，而韓安國持重，亦各不相同。四人唯一共通交集處，為竇、田廷辯。竇為救灌，與田辯於廷前，諸臣莫敢言論，而武帝震怒，獨韓稱二人所言皆是，唯主上能斷。竇、田相鬥，不僅止於表面，其背後勢力的鬥爭，才是群臣所忌諱不敢言之因：二人相爭看似尋常，實為皇室家務。武帝難容田蚡的擅權，原欲藉此次機會打擊之，然眾皆噤口，難得奧援，終以發怒，而韓稱唯主能裁，亦為實情。此事原可大可小，終因王太后的介入，形成一面倒的局面。竇、田、灌、韓四人共同交集於此事件，然

〔註62〕見〔漢〕班固著，〔清〕王先謙注：《漢書補注・敘傳》，第二冊（全二冊），臺北市：藝文印書館，一九五五年六月初版。頁一七七七下右。

〔註63〕見〔漢〕班固著，〔清〕王先謙注：《漢書補注・竇田灌韓傳》，第二冊（全二冊），臺北市：藝文印書館，一九五五年六月初版。頁一一三〇下右～下左。

以牽涉程度論，竇、田最密，灌夫次之，韓安國最末。其中，灌夫為導火線角色，迅速引發竇、田爭鬥，然非無之不可，此二方勢力遲早強碰，故牽連程度次於竇、田，與其餘主述的關係，亦不若竇、田間的緊密難分，而韓安國僅發言一次，言中顯示雖與田有舊，卻不盲從迴護，後又責田行為無大體，可見其公正穩重，其言論於竇、田結局，並無影響，與事件的關聯性，及與其餘人物的關係緊密度，實在不高。由是可知，《漢書》以「竇、田廷辯」繫聯竇、田、灌、韓四人，不若《史記》僅合竇、田二人，且以灌為附傳的緊密。

透過分析，可知《漢書》合傳中，純以《史記》單傳或合傳提升附傳為主述者，如〈張周趙任申屠傳〉、〈淮南衡山濟北王傳〉、〈萬石衛直周張傳〉等三篇，其附傳皆由本傳提升而來，人物事跡取材相同且主旨相近，顯示提升之舉僅為述齊，而如〈李廣蘇建傳〉，其附傳則自他傳提升後貼合，立意為新，然增太史公所不及見，無法相較，僅能由班固可藉之充分表達意旨上，肯定其人物組合，及附傳提升之用。

《漢書》合傳中，合併《史記》篇章，並提升附傳為主述者，如〈張陳王周傳〉、〈酈陸朱劉叔孫傳〉、〈竇田灌韓傳〉三篇，其所提升的附傳皆由歸併篇章中而來，與主述相關，然重組後，僅能以廣義繫聯眾人，關係的緊密度較不如《史記》原傳。以〈酈陸朱劉叔孫傳〉而言，該傳是合併《史記》〈酈生陸賈列傳〉、〈劉敬叔孫通列傳〉，且提升前者附傳朱建為主述，相合成傳，其中，太史公原以「善為使者」合酈、陸二人，並明其皆有「儒生」本質，而以「古今之變」繫聯劉、叔孫二人，贊揚其建國大策，皆促成古今制度交替，班固則提升朱建為主述，且僅能以「騁其知辯」總合五人，其間關係較疏。以〈竇田灌韓傳〉視之，則該傳是合併《史記》〈魏其武安侯列傳〉、〈韓長孺列傳〉，並提升前者附傳灌夫為主述而來。太史公原以〈魏其武安侯列傳〉表當時「後宮爭權」之狀，且以「外戚」合竇、田二人，以「時變」為關鍵，寫其間傾軋糾葛，而以〈韓長孺列傳〉述一持重長者，並稱其字，以示親愛，班固則以附傳灌夫為竇、田相爭的導火線，提升其為主述，且因韓安國曾於竇、田廷辯時發言，而以「竇、田廷辯」收合四人，然灌夫於事件的相關性，遠不如竇、田二人間的牽扯緊密，韓安國則僅發言一次，於過程、結局，皆無影響，與其餘主述關聯性不高，故可知《漢書》重組、提升附傳為主述後，人物組合間的繫聯密度，較不如《史記》緊密。

第伍章 《漢書》析離《史記》合傳、改組並新增人物的合傳

《漢書》合傳重組《史記》人物者，共二十四篇，又可分為三大類：重合與合併《史記》篇章、以《史記》本傳增入附傳人物為主角、析離《史記》合傳，改組並新增人物。本章主要討論對象為第三大類：《漢書》析離《史記》合傳，改組並新增人物的合傳。其下可細分出：析《史記》合傳，改增他傳為合傳者、析《史記》合傳，改增他傳、附傳人物為主角者、析《史記》合傳，改增附傳人物為主角者，以及析《史記》合傳，改增附傳、新增人物為主角者等四小類，共計涵蓋《漢書》合傳五篇、《史記》傳體十三篇。

本類合傳是拆解《史記》合傳人物，將之與他傳主述、附傳、新增人物貼合而成。《史記》合裁人物，自有其意旨，且主述間的關係十分密切，而班固擇取其一，合與他傳、附傳，或新增人物等，應是另有新意，頗有深入探究的價值。其提升《史記》附傳，甚至附見人物的考量，勢必與其新立意旨有關，而其所新增的人物，是否為太史公未及見？或因另有主旨而裁合入傳？則可再仔細思量。此類合傳經班固重新切割鎔裁而成，手法較前二大類繁複許多，又有提升附傳、新增人物等情形，更能表現班固不同於太史公的心裁。以下即分為四小節，分別探討此一大類中的各式類型，探討《史》、《漢》人物組合之異，及其意旨之別。

第一節　析《史記》合傳，改增他傳為合傳的合傳

此類為《漢書》析離《史記》合傳，改增他傳為合傳者，僅有〈魏豹田儋韓信傳〉一篇，是取《史記》合傳〈魏豹彭越列傳〉中的魏豹，與單傳〈田儋列傳〉、合傳〈韓信盧綰列傳〉中的韓信相合而成。太史公作合傳，原有其心旨，且合傳人物間必須是關係密切，方能相合，而班固拆散原有組合，重新排列，定有其用意，則新組合中，人物是否繫聯緊密？其立意為何？較之與《史記》原合傳，則何者為善？皆為可論之處。

形式上，《漢書》裁襲《史記》二篇合傳與一篇單傳，將之貼合為一合傳；內容上，除裁剪掉彭越、盧綰的部分、於韓信部分增高祖讓信書，並續錄其後嗣之事至王莽時外，皆襲用《史記》，而贊語部分，全為新撰，故最能看出班固與太史公考量之異。以下則依序探討《史記》〈魏豹彭越列傳〉、〈田儋列傳〉、〈韓信盧綰列傳〉中的相關人物，並分析《漢書》該傳之旨及其組合繫聯之法。

一、《史記・魏豹彭越列傳》中的魏豹

依《史記》記載，魏豹為先秦時魏王的遺族。其兄魏咎，陳勝初起時即往從之。後陳遣周市攻下魏地，欲立周為魏王。周市不受，反迎魏咎為王，馬車五反，而陳方立之。不久，秦將章邯已敗陳勝，遣兵圍魏咎於臨濟。魏雖遣使求救，卻仍無法抵抗秦軍。其兄為民約降後，自焚而亡，魏豹則逃至楚。楚懷王給兵數千，使其復攻魏地。時項籍已破秦軍，故其能攻下魏地二十餘城，被立為魏王，並引精兵從項籍入關，被徙為西魏王。後高祖還定三秦，魏豹以國屬之，從擊楚於彭城，然因漢敗，竟藉口回國並叛漢。高祖遣酈食其說之，其以高祖侮慢而不欲為用辭之。於是高祖遣韓信攻之，擄之於河東，以其國為郡，後又令周苛與之共守滎陽。時楚圍滎陽，情勢緊急，周以其曾有反叛之舉，恐難共守，遂殺之。

太史公以「收西河、上黨之兵，從至彭城；越之侵掠梁地，以苦項羽。作魏豹彭越列傳」〔註1〕，合魏豹、彭越於一傳，記錄二人追從高祖征戰的情形，認為魏豹能收兩地之兵，以國屬之高祖，然僅至彭城即叛；彭越略定梁地，掠楚糧以賚漢，及楚敗，其功不可沒。詳觀魏豹、彭越生平，二人經歷相似而以「魏」為關鍵相合，魏為先秦魏國後裔，彭為魏地昌邑人，同收兵歸漢，魏受

〔註1〕見〔漢〕司馬遷著，（日本）瀧川龜太郎注：《史記會注考證・太史公自序》，高雄市：麗文文化事業股份有限公司，二〇〇〇年九月初版。頁一三四四下右。

封為魏王而彭為魏相國，後盡為漢囚，不以壽終，其遭遇多類且屬六國魏後，合之同傳，可見六國魏後的發展情勢，及其殞滅，而太史公合二人為傳，亦是為寄託自身際遇之感：

> 魏豹、彭越，雖故賤，然已席卷千里，南面稱孤，喋血乘勝，日有聞矣。懷畔逆之意，及敗，不死而虜囚，身披刑戮，何哉？中材以上，且羞其行，況王者乎？彼無異故，智略絕人，獨患無身耳！得攝尺寸之柄，其雲蒸龍變，欲有所會其度。以故幽囚不辭云〔註2〕。

於傳末太史公曰中，慨歎魏、彭二人以聲聞天下之名，列為諸王之身，為漢所擒囚，且愛其死，不以身殉，魏被傳送至滎陽，以國為漢郡，而彭被廢為庶人，尚求呂后為言，皆因其「智略過人，獨患無身耳」！猶欲待時而起，成就一番事業，因而不以幽囚為恥，正如己身雖披肉刑，然所以蒙羞不死，皆因《史記》未成之故，亦欲以之證明自身，成一家之言，故不得不借魏、彭二人的結局抒發感慨。

魏豹於秦末戰亂之時，先從楚，立為魏王，從項籍入關後，因怨項欲有梁地而徙之為西魏王，叛楚從漢，見漢敗於彭城，即託言遁逃回魏，既無楚、漢之勢，又難拒韓信用兵之神，遂遭擄於河東。其於危急存亡之時，用搖擺不定之意，顯示其為人意志不堅，而怨楚徙其封，見漢立叛從，及漢敗，又立叛之，突顯其識量狹小，於自身情勢認知不清：西魏小國，而當時兩大勢力，即為楚、漢兩營，不結同盟，尚可旁觀情勢而定，然其叛楚又叛漢，尚誰可依？故遂身死漢營，再無翻身之機。

二、《史記．田儋列傳》

此傳為《史記》的一單傳，以田儋為主述，而以其從弟田榮、田橫等為附傳。據《史》所載，田儋為狄人，是先秦時齊王田氏的族人。其堂弟田榮、田橫，皆為一方豪強，能得人。陳勝初起時，遣周市攻克魏地，將至狄。田儋即施計詐殺狄城縣令，以齊為古國而田氏當王，自立為齊王，聚眾以拒周市，並率兵攻占齊地。不久，秦將章邯圍魏王咎於臨濟。魏求救於齊，而田儋自領兵救魏，卻遭秦軍夜襲，被殺於臨濟下。

〔註2〕見〔漢〕司馬遷著，(日本)瀧川龜太郎注：《史記會注考證．魏豹彭越列傳》，高雄市：麗文文化事業股份有限公司，二〇〇〇年九月初版。頁一〇三一上左～下右。

細觀田儋一生，僅一大事，即自立為齊王。由其判斷情勢，施計詐殺縣令，並能使田榮、田橫聽命之，可看出其為人果斷，有勇有謀，且甚得人心，唯時窮運蹇，遂早亡於秦軍。

綜觀全篇，田儋雖為主述，卻僅占一小部分，太史公對其並無多加評論，而其餘皆為諸弟及族人陸續開展之事，總結於田橫之敗，顯示本傳所重者為六國齊後的餘波。太史公自言以「諸侯畔項王，唯齊連子羽城陽，漢得以閒遂入彭城。作田儋列傳」〔註3〕，藉此傳記錄諸侯叛楚時，僅齊國能牽制項籍於城陽，使高祖能趁機進入彭城，終使項籍左支右絀，連連失利，以至於敗，然此時齊國主事者為田橫，不立田橫為主述，而立田儋，是以其為重立齊國的首倡，帶出田榮、田橫等人及後續發生之事，故以之為主。傳末錄田橫之敗，及其屬五百餘人從死之，呼應其「能得人」〔註4〕之稱，一方面顯示齊國勢力人心之堅，及其敗，被迫前往洛陽，仍能從容自刎，絕無乞憐之意，一眼看穿高祖所忌，另一方面亦暗點出高祖雖能用人得天下，卻難以得人，即誘之以富貴，亦未能動搖田橫其屬，不若其有死節之士從之地下，故太史公贊之：「田橫之高節，賓客慕義而從橫死，豈非至賢〔註5〕！」認為其賢非他人所能比。田橫之敗亡，即象徵六國齊後勢力的殞滅。本傳以所載之事變化繁複，且以「能得士」為眼，稱說再三，難與他人相合，故列為單傳。

三、《史記・韓信盧綰列傳》中的韓信

《史記・韓信盧綰列傳》為一合傳，以韓信、盧綰為主述。西漢初年，名為韓信者有二，於此所敘者為韓王韓信，非曾為齊王、楚王的淮陰侯韓信。據《史記》所載，韓王韓信，為故韓襄王的後裔。高祖使張良攻下韓地時，得之為將。不久，高祖定三秦，許封其為韓王，先立為韓太尉，往來略地。漢二年（西元前二〇五），立為韓王。三年（西元前二〇四），滎陽破，其佯降楚而亡歸漢，復為韓王。五年（西元前二〇二），天下大定，封為韓王，王穎川。不久，高祖以其為武將才，又近天下重兵所在，徙王太原，駐北禦胡。後徙治馬

〔註3〕見〔漢〕司馬遷著，（日本）瀧川龜太郎注：《史記會注考證・太史公自序》，高雄市：麗文文化事業股份有限公司，二〇〇〇年九月初版。頁一三四四下左。

〔註4〕見〔漢〕司馬遷著，（日本）瀧川龜太郎注：《史記會注考證・田儋列傳》，高雄市：麗文文化事業股份有限公司，二〇〇〇年九月初版。頁一〇五三上左。

〔註5〕見〔漢〕司馬遷著，（日本）瀧川龜太郎注：《史記會注考證・田儋列傳》，高雄市：麗文文化事業股份有限公司，二〇〇〇年九月初版。頁一〇五五下左。

邑，遭匈奴圍困，數遣使以求和。漢發兵救之，得知此情，疑其有二心，使人責讓，遂致之與匈奴結盟，以馬邑攻太原，敗而亡歸匈奴。又與胡擊漢，屢敗，直至平城，方得圍高祖，卻又因陳平計而失圍，功虧一簣。此後，其為匈奴將，常襲漢邊。漢十年（西元前一九七），使其將王黃與陳豨往來，共謀叛漢。十一年（西元前一九六），與胡騎入參合，與漢對壘。漢使將軍柴武擊之，柴勸降而其自度歸漢必死，拒之，卒會戰而亡。

太史公以「楚、漢相距鞏、洛，而韓信為填潁川，盧綰絕籍糧餉。作韓信盧綰列傳」〔註6〕，收韓、盧二人為一傳，記錄楚、漢相爭時，韓信降韓十餘城，立為韓王以拒楚，而盧綰功在絕楚軍糧道，然細觀傳文，前者為實，後者卻不提絕糧道事，顯示其中另有意旨。綜觀韓、盧的生平，可發現二人皆從高祖定天下，分別受封為韓王、燕王，後皆與匈奴勾結、皆亡命入匈奴，其子孫後皆又來降漢等，遭遇起伏大多相同。吳福助以為此傳正因「二人封王同，居邊通胡同，以危疑致變而亡胡同，子孫來降同，故合傳」〔註7〕，認為韓、盧際遇相似，適宜以合傳來表現，而繫聯二人的真正緊要處，則須透過太史公於傳末對二人的評論，方可得知：

> 韓信、盧綰，非素積德累善之世，徼一時權變，以詐力成功。遭漢初定，故得列地，南面稱孤。內見疑彊大，外倚蠻貊以為援，是以日疏自危，事窮智困，卒赴匈奴，豈不哀哉〔註8〕！

太史公以為二人的功業皆因僥倖遇時，方能裂地稱王，然遭高祖所忌疑，竟倚仗外族匈奴為援，以至於失國逃亡，終不得歸漢，令人悲歎，而其中，韓、盧敗國亡身之因，正是貼合二人的關鍵：「通胡叛漢」。太史公藉此合傳記錄西漢初年「通胡叛國」的異姓侯王，以其結局警惕後世通敵之誤，亦側寫出當時匈奴擾邊之苦，與高祖的多疑善忌。

韓信為六國韓後，以張良故，追從高祖入武關、擊楚等，未曾動搖，曾佯降楚而伺機逃歸漢，其心之向漢，不言而喻。高祖以其封近天下重兵所在，恐其襲軍叛漢，遂徙其北禦邊界，是先以猜忌之心度之，後其遣使往胡求和，亦

〔註 6〕見〔漢〕司馬遷著，（日本）瀧川龜太郎注：《史記會注考證．太史公自序》，高雄市：麗文文化事業股份有限公司，二〇〇〇年九月初版。頁一三四四下左。

〔註 7〕見吳福助：《史記解題》，《掌故叢書》〇〇六冊，臺北市：河洛圖書出版社，一九七九年四月臺初版。頁一一八。

〔註 8〕見〔漢〕司馬遷著，（日本）瀧川龜太郎注：《史記會注考證．韓信盧綰列傳》，高雄市：麗文文化事業股份有限公司，二〇〇〇年九月初版。頁一〇五二上左。

以此心疑之，而韓被徙封，心中或已揣知上意，恐不能無怨，於二度見疑時，遂以一念之差降胡，共攻漢，絕己退路，卒滅國殞命。依《史記》所載，其為人如何，難以得知，然其經歷與盧綰多類，皆有通胡叛漢之實，結局皆可戒惕後人，故與之合為一傳，十分適宜。

經分析可知，《史記》作〈魏豹彭越列傳〉、〈田儋列傳〉、〈韓信盧綰列傳〉，各有所指，前者以合傳記六國魏後之事，並用「魏」為線索連結魏、彭二人；次者為單傳，錄六國齊後之事，且以「能得士」為眼，論田氏兄弟之賢；後者則以「通胡叛國」為媒，貼合韓信、盧綰二人而成，以其結局警省後人，切勿行差踏錯，而《漢書》拆解二合傳，僅取魏豹、韓信，與單傳〈田儋列傳〉相合，其考量則與《史記》相異，不另託寓意，僅由各主述所代表的身分而來。

班固於〈敘傳〉中，稱其以「三枿之起，本根既朽，枯楊生華，曷惟其舊！橫雖雄材，伏於海隝，沐浴尸鄉，北面奉首，旅人慕殉，義過〈黃鳥〉。述〈魏豹田儋韓信傳〉」〔註9〕，其中，三枿指的是秦末漢初的魏、齊、韓三國，本根則源自先秦時期，然三國雖能復起，卻如枯樹生花，本根已亡，無以後繼，不能持久。班固藉此傳錄六國遺族中，魏、齊、韓三國的復起與殞落，並惋惜田橫雖才，終竟連海島亦無法容身，被迫自剄奉首，而其徒屬自願殉死追從，顯示其賢更勝秦穆公。於其新撰的該傳贊語中，則說明得更為詳盡：

> 周室既壞，至春秋末，諸侯秏盡，而炎、黃、唐、虞之苗裔尚猶頗有存者。秦滅六國，而上古遺烈埽地盡矣。楚漢之際，豪桀相王，唯魏豹、韓信、田儋兄弟為舊國之後，然皆及身而絕。橫之志節，賓客慕義，猶不能自立，豈非天虖！韓氏自弓高後貴顯，蓋周烈近與〔註10〕！

班固以為西周制度崩壞，至春秋末期時，各諸侯小國紛紛被併，而自秦滅六國後，上古封國的貴族皆淪為平民。楚、漢相爭之際，群雄並起，僅魏豹、韓信、田儋兄弟，以六國後裔復起立國，非其餘借名號召者，可惜一旦身死，國亦隨之滅，不能久長。其中，指出了繫聯三人的關鍵，即同為六國遺族，以及其國皆及身而絕。綜觀魏豹、田儋、韓信三人的生平，可發現無一處相同，魏、韓雖盡曾事高祖，然魏至彭城即叛，身死滎陽，韓則於天下大定後，叛漢亡胡，

〔註9〕見〔漢〕班固著，〔清〕王先謙注：《漢書補注・敘傳》，第二冊（全二冊），臺北市：藝文印書館，一九五五年六月初版。頁一七七五上左～下右。

〔註10〕見〔漢〕班固著，〔清〕王先謙注：《漢書補注・魏豹田儋韓信傳》，第二冊（全二冊），臺北市：藝文印書館，一九五五年六月初版。頁九四〇下左。

戰死參合，經歷亦皆相異，故可知班固賴以貼合三人者，僅「六國後裔」、「國及身而絕」二處，並以此傳記秦、漢之際，六國遺族復起旋滅的情形，而其隕歿正代表平民崛起之漢的時代來臨。

《漢書》藉此傳收攏秦末六國遺族之事，且以「六國後裔」、「國及身而絕」為關鍵，貼合魏、田、韓三人，將秦末漢初的魏、齊、韓三國始末，畢敘於一傳，下開漢朝異姓諸王之篇，剪裁明快俐落，然人物關係不若《史記》貼合緊密，多託深意。《史記》以〈魏豹彭越列傳〉收束魏國之事，並寄寓自身受刑忍死的感慨；以〈田儋列傳〉述齊國之事，且以「能得士」讚嘆田氏兄弟之賢，更暗喻漢之不能得；〈韓信盧綰列傳〉以韓、盧二人之事，警惕世人「通胡叛國」的下場，以達到「殷鑑不遠」的歷史訓誡效果，而《漢書》拆出合傳中的魏豹、韓信，與田儋合傳，則無《史記》原有的豐富意涵，相形之下，較為失色。

第二節　析《史記》合傳，改增他傳、附傳人物為主角的合傳

此類為《漢書》析離《史記》合傳，改增他傳、附傳人物為主角者，僅有〈韓彭英盧吳傳〉一篇，合韓信、彭越、英布、盧綰、吳芮等五人為一傳，是裁剪《史記》〈淮陰侯列傳〉、〈魏豹彭越列傳〉、〈黥布列傳〉、〈韓信盧綰列傳〉等篇章，並提升〈項羽本紀〉的附傳人物番君吳芮為主述，將其事跡由該本紀，及其餘提及篇章中提煉出來，新寫成段，與重新裁剪者鎔鑄而成。

形式上，此傳鎔《史記》單傳、合傳、附傳等多種記述手法為一爐，並將其原本或稱爵、或述奇的標題，統一僅取姓氏標目，內容上則有較大變動：於韓信部分，刪去蒯通說辭三處、移葬母事至前、刪略部分句子，並增韓信問酈食其語、請高祖增兵等語；於彭越部分，全用〈魏豹彭越列傳〉的彭越部分，僅略刪些許句子；於英布部分，全襲〈黥布列傳〉，並將其名改為「英布」，略刪改些許文字；於盧綰部分，襲用〈韓信盧綰列傳〉的盧綰部分，並調動敘述次序，另因陳豨事多相雜，亦列入附傳一併述之，略有刪改；於吳芮部分，則將之自各篇章鍛取而出，寫成新段，序於盧綰之後；至於贊語部分，不用各篇的太史公曰，重新撰寫，合論五人。《漢書》襲《史記》篇章，內容上卻頗有調動之處，顯露班固運用心裁的痕跡，而新寫的部分，最能看出其大費周章、

重新組合篇章之舉的背後，所欲表達的意旨。

《漢書》承襲《史記》，卻重新組合人物，所欲表達者何？繫聯的關鍵與《史記》有何不同？所提升的附傳人物，於篇章中扮演何種角色？與其餘主述的關係是否密切？人物組合的考量，以及內容的更移，較之《史記》，何者為善？頗值得深入探究。以下則依序探討《史記》〈淮陰侯列傳〉、〈魏豹彭越列傳〉、〈黥布列傳〉、〈韓信盧綰列傳〉中的相關人物，並討論提升附傳吳芮之因，了解其對傳旨的影響，並分析《漢書》該傳之旨，及其人物組合的繫聯之法。

一、《史記・淮陰侯列傳》

依《史記》記載，韓信，淮陰人。年少時無以為生，常寄食於人，人常厭之。曾受漂母供食之恩，及街頭少年的胯下之辱。其後先後追隨項梁、項籍，不得信用，卒亡歸高祖，任為連敖。後竟因事連坐當斬，為夏侯嬰所救，薦之於上，又得蕭何青眼，月下追止其出走，終得高祖重用，任為大將，用其計連下魏地、趙地，更依其議，立張耳為趙王，然高祖又恐其恃趙擁兵自重，竟奪其軍，命其更收散卒以擊齊。不久，降齊七十餘城，遣使報高祖，請立為齊假王。高祖度情勢允之，立之為齊王。時項籍遣使來說其聯合陣線，然其拒之。齊人蒯通說其自立，割據天下以自保功高震主之身，但其竟不忍背漢，終不用蒯言。漢五年（西元前二〇二），會兵垓下殺項籍後，高祖立奪其軍，徙為楚王。其至楚，見故人無論恩怨，皆以恩報，並收留被高祖追捕的鍾離昧。不久，有人上書告發其謀反，其竟殺鍾以獻上，然高祖用陳平計，仍擒之，傳送至洛陽，貶為淮陰侯。韓由此心怨高祖，鬱鬱寡歡。後中呂后計，被斬於皇宮懸鐘之室。

太史公以「楚人迫我京索，而信拔魏、趙，定燕、齊，使漢三分天下有其二，以滅項籍。作〈淮陰侯列傳〉」〔註11〕，認為韓信於楚、漢相爭之時，是決勝負的關鍵性人物，誠如蒯通說韓所言：「當今兩主之命，縣於足下。足下為漢則漢勝，與楚則楚勝〔註12〕。」非其攻克魏、趙，拿下燕、齊之地，且一心向漢，則漢斷不能輕易困楚於垓下，獲得最終的勝利，然太史公作此傳，卻

〔註11〕見〔漢〕司馬遷著，（日本）瀧川龜太郎注：《史記會注考證・太史公自序》，高雄市：麗文文化事業股份有限公司，二〇〇〇年九月初版。頁一三四四下左。

〔註12〕見〔漢〕司馬遷著，（日本）瀧川龜太郎注：《史記會注考證・淮陰侯列傳》，高雄市：麗文文化事業股份有限公司，二〇〇〇年九月初版。頁一〇四四上右。

不僅僅為其詳載功勳，更欲為之平反。細觀韓信的結局，漢五年時封為楚王，隔年即以謀反削爵，降為淮陰侯，居於洛陽，列為就近看管者，數年後被誘殺於宮中。其所以降侯、被殺者，罪名只一：謀反，然其果真反耶？由其傳末太史公曰中尋繹，可知其謀反之罪，實為冤枉：

> 吾如淮陰。淮陰人為余言，韓信雖為布衣時，其志與眾異。其母死，貧無以葬，然乃行營高敞地，令其旁可置萬家。余觀其母冢良然。假令韓信學道，謙讓，不伐己功，不矜其能，則庶幾哉，於漢家勳可以比周、召、太公之徒，後世血食矣。不務出此，而天下已集，乃謀畔逆，夷滅宗族，不亦宜乎〔註13〕！

太史公曾前往淮陰，自當地人處得知不少韓信軼事，如其布衣時葬母，擇地旁可置萬戶者等，太史公更前往韓母墓，親眼證實，誠然如此。《史記》藉由記載此事，暗喻韓信無反意，其志以萬戶為足，並試圖探究其族滅之因：伐功矜能，自滿不謙，無法如張良般託道自損。不直指天子「臥榻之旁，豈容他人酣睡」之心，而稱韓信不學道不謙讓，導致三族夷滅，是欲引人深思：何以為人臣須學道以自保？又續言韓信於天下一統時，方謀叛逆，更是帶了點反諷意味。不反於楚、漢相爭未定、王齊之際，而謀於天下已定之時，聰明人必不為此，況其為兵家常勝者，豈不知形勢之妙？韓信自以為「漢王授我上將軍印，予我數萬眾，解衣衣我，推食食我，言聽計用，故吾得以至於此。夫人深親信我，我倍之不祥，雖死不易」〔註14〕，深信漢必不背我，故從未收斂已身，以此心對猜忌之漢，乃其真正失國之因。最終稱其「夷滅宗族，不亦宜乎」，認為韓信以此失國，終至宗族夷滅，是理所當然之事，諷刺語氣更甚，亦是為之惋惜、深嘆不已。

李景星以為：

> 敘武涉之說淮陰，蒯通之說淮陰，則以最詳明最痛快之筆出之；敘淮陰教陳豨反，則以隱約之筆出之，正以明淮陰之不反，而「挈手避左右」云云，乃當時羅織之辭，非實事也。又恐後人誤以為真，更以蒯通對高祖語安置於傳末，而曰「豎子不用臣之策，故令自夷

〔註13〕見〔漢〕司馬遷著，（日本）瀧川龜太郎注：《史記會注考證．淮陰侯列傳》，高雄市：麗文文化事業股份有限公司，二〇〇〇年九月初版。頁一〇四七上右～上左。

〔註14〕見〔漢〕司馬遷著，（日本）瀧川龜太郎注：《史記會注考證．淮陰侯列傳》，高雄市：麗文文化事業股份有限公司，二〇〇〇年九月初版。頁一〇四三下右。

如此」。夫曰「不用」，曰「自夷」，則淮陰之心跡明矣〔註15〕。

認為太史公不僅於太史公曰中為之辯誣，於傳文的安排，亦自有深意，更以蒯通之言，點明其無叛漢之心。韓信於漢，功何其多，而漢待之如此，《史記》以此傳記漢初第一武將，其眼即為「功高震主」，載其功之高、其才之能，自矜不謙，遂受其害，冤死於宮室。傳載高祖「見信死，且喜且憐之」〔註16〕，既喜除一心腹大患，又憐其無辜枉死，心中情感的複雜，顯露高祖於韓信之才，是又愛又恨的矛盾，而其憐惜之情，正因韓信實無叛漢之意，卻死此罪，憐其命蹇而生，更可側證其屈枉，及漢室的苛待。太史公以為韓信武功，漢初無人出其右，終局竟是如此，實為可歎，且可載之事甚繁，故立之為單傳，十分適宜。

二、《史記・魏豹彭越列傳》中的彭越

據《史記》所載，彭越，字仲，昌邑人，原為湖澤中的強盜。陳勝、項籍崛起時，其眾請之，欲其起而效尤，彭答以二龍方鬥宜待之。歲餘乃起，樹立威信，眾莫敢仰視。後略地收卒，得千餘人，助高祖擊昌邑。昌邑不下，高祖引兵西走，彭軍就地隱匿於野，持續徵收散卒。項籍入關分封諸王時，彭軍已達萬餘，然不隸屬任何侯王。漢王元年（西元前二〇六），高祖賜其將軍印，使之擊楚，大敗之。二年（西元前二〇五），與諸將共擊楚，引三萬軍歸漢，高祖封魏豹為魏王，以之為魏相國，可領軍。彭即領軍，再定梁地。不久，高祖敗於彭城，解兵西走，彭則失其所得之城，獨將兵居於河上，常為游擊，奪楚糧以資漢，然其雖為楚軍之敵，卻仍未為漢盡心。高祖用張良計，使之與韓信皆得封王，終得二人之力以滅楚。漢五年（西元前二〇二），受封為梁王。十年（西元前一九七）秋，陳豨反，徵梁王兵，然其稱病，使將帶兵前往。高祖怒之，遣使責讓。彭惶恐而欲自往謝罪，部將扈輒勸反，而其不聽，終稱病。適逢梁太僕與彭有隙，逃亡至漢並告其謀反，漢廷遂遣使捕彭，以為反形已具，當誅，而高祖赦為庶人。時呂后自長安來，彭請其向高祖求情，然呂后雖許之，卻向高祖建議：彭越必除；更使舍人復告彭越謀反，遂夷其族，國除。

〔註15〕見李景星著，韓兆琦、俞樟華校點：《四史評議》，《舊籍新刊》，湖南省長沙市：岳麓書社，一九八六年十一月初版。頁八四～八五。

〔註16〕見〔漢〕司馬遷著，（日本）瀧川龜太郎注：《史記會注考證・淮陰侯列傳》，高雄市：麗文文化事業股份有限公司，二〇〇〇年九月初版。頁一〇四六下左。

太史公以「收西河、上黨之兵，從至彭城；越之侵掠梁地，以苦項羽。作魏豹彭越列傳」〔註17〕，其中以「越之侵掠梁地，以苦項羽」一語，肯定其於楚、漢相爭時掠楚賫漢的功勞。魏豹、彭越生平經歷相似，而《史記》以「魏」為關鍵合二人於一傳，以之見秦、漢之際魏國後裔的發展始末，並寄自身「蒙羞不死，以成大業」的感慨。傳文中並未直接敘述彭越為人，而以事件堆疊出其生平。細觀其一生行事，自率眾歸漢始，常與漢共擊楚，雖高祖常敗，亦不離漢陣營，常斷楚糧道，奪糧以資漢，使高祖於征戰中能占一優勢，後又與淮陰侯韓信共助漢，圍項籍於垓下，終滅楚，於漢實有大功。雖然，彭越卻早已於高祖心中埋下猜疑。初彭越率眾歸漢，不久又得漢將軍印，遂為高祖效力，作漢後盾，然其常獨將兵在外，且所領軍隊持續徵收散卒，日益壯大，不僅與高祖生疏，其軍亦使之備感威脅。高祖約之共擊楚時，以「魏地初定，尚畏楚。未可去」〔註18〕一語拒絕，顯示其並非真一心向漢；後陳豨反，高祖徵其兵，欲與之共擊叛軍，而其竟託病不至，展現出不甚受控的勢態，終引發高祖根除的殺心，聞其謀反，不多求證，遣使突襲捕之，傳送洛陽治罪，奪其封國，廢為庶人。彭越原為一湖中盜匪，挾雄心，逞將才，方得為王，雖其稱病再三，略有異心，然尚無反舉，見讓則惶恐欲自謝罪，漢使來捕則渾然不覺應提防，被廢庶民竟請呂后求情。時淮陰侯韓信已死，竟不知為呂后矯罪殺之，應引為前鑑，猶信其緩辭，終因呂后「令其舍人告彭越復謀反」〔註19〕，而宗族夷滅，殊不知身死皆因呂后之言：「彭王壯士。今徙之蜀，此自遺患。不如誅之！」〔註20〕，只是為了皇室的未雨綢繆。由彭越生平表現，可知其或起異心，實則尚無反舉，竟以謀反罪死，是因其種種舉動使高祖忌疑，不得不除之而後快，不知學張良明哲保身，遂至死境。

三、《史記・黥布列傳》

依《史記》傳文所載，黥布，原姓英，六縣人。少年時曾相面，言若受黥

〔註17〕見〔漢〕司馬遷著，（日本）瀧川龜太郎注：《史記會注考證・太史公自序》，高雄市：麗文文化事業股份有限公司，二〇〇〇年九月初版。頁一三四四下右。

〔註18〕見〔漢〕司馬遷著，（日本）瀧川龜太郎注：《史記會注考證・太史公自序》，高雄市：麗文文化事業股份有限公司，二〇〇〇年九月初版。頁一〇三〇下右。

〔註19〕見〔漢〕司馬遷著，（日本）瀧川龜太郎注：《史記會注考證・魏豹彭越列傳》，高雄市：麗文文化事業股份有限公司，二〇〇〇年九月初版。頁一〇三一上左。

〔註20〕見〔漢〕司馬遷著，（日本）瀧川龜太郎注：《史記會注考證・魏豹彭越列傳》，高雄市：麗文文化事業股份有限公司，二〇〇〇年九月初版。頁一〇三一上左。

則王。及長，坐法當黥，欣然受之，又於發配麗山時，結交豪長，相約逃亡，至長江一帶為盜。陳勝起義時，投靠番陽縣令吳芮，與之率眾叛秦，而吳以女妻之。至項梁聲勢大振，則領軍從之，常有功。及楚懷王立，以之為當陽君。項籍救趙鉅鹿之圍時，其常為先鋒，以寡擊眾而勝之，故諸侯皆服楚。及項入咸陽，以其常為前鋒而有功，封之為九江王。後項命之擊殺義帝於郴縣。不久，齊王田榮叛楚，項徵九江兵，然其僅遣數千人往，自稱病不至，且楚敗於彭城時，亦稱病不往助，項由此怨之。時項所患正多，所親者唯英，故僅數遣使責之。高祖使隨何說之投漢，動搖其心，終使之殺楚使者，發兵叛楚。楚遣龍且攻之，其敗而走漢，收得九江數千人共歸漢。漢四年（西元前二〇三）七月，立為淮南王。五年（西元前二〇二），遣人入九江，得數縣，又誘得楚大司馬周殷叛楚，共舉九江兵與漢擊楚，破之垓下，項籍死而天下定。其得立為淮南王，都六。十一年（西元前一九六），呂后誅淮陰侯韓信。夏誅梁王彭越，醢之，遍賜諸侯。英因而心恐，常令聚兵以備急。後有人誣其欲叛，高祖問相國蕭何，蕭以為非。上使人徵驗，然其常恐見誅，又見漢使來，遂發兵反。高祖得故楚令尹薛公計，封子劉長為淮南王，自將兵擊之。兩軍大戰於蘄西會甀，英兵敗渡淮，亡走江南。因與吳芮結親，信其子，遭誘走越，入番陽，被殺於鄉民田舍。

太史公自言「以淮南叛楚歸漢，漢用得大司馬殷，卒破子羽于垓下。作黥布列傳」〔註21〕，肯定其於楚、漢相爭時所發揮的作用，認為其叛楚歸漢，舉淮南屬漢，又誘得楚大司馬周殷叛楚，遂能與漢共圍項籍於垓下，定漢天下，實有大功。《史記》好奇，以英布曾相面，當刑而王，其後果受黥且為王，而以時稱「黥布」命篇。太史公曰稱：

> 英布者，其先豈春秋所見楚滅英、六，皋陶之後哉？身被刑法，何其拔興之暴也！項氏之所阬殺人以千萬數，而布常為首虐。功冠諸侯，用此得王，亦不免於身為世大僇。禍之興自愛姬殖，妒媢生患，竟以滅國〔註22〕！

以為其祖先為賢人之後，故雖身受肉刑，卻能迅速興起，並稱其原為項籍手

〔註21〕見〔漢〕司馬遷著，（日本）瀧川龜太郎注：《史記會注考證．太史公自序》，高雄市：麗文文化事業股份有限公司，二〇〇〇年九月初版。頁一三四四下右～下左。

〔註22〕見〔漢〕司馬遷著，（日本）瀧川龜太郎注：《史記會注考證．黥布列傳》，高雄市：麗文文化事業股份有限公司，二〇〇〇年九月初版。頁一〇三六上左。

下大將，因而得王九江，不久叛楚歸漢，有功而為淮南王，後竟不得善終，是因愛姬與他人親近，以嫉妒引禍，身亡國滅。其中，太史公認為其戮身之因是嫉妒招禍，被誣謀反，遂至於此，然英布何以與高祖對陣而亡？由傳文可知，其叛楚投漢時，對高祖仍無了解，被引見時受辱則「甚大怒，悔來，欲自殺」〔註23〕，懊悔奔漢，出就館舍時見待遇與高祖同，又「大喜過望」〔註24〕，情緒起伏明顯，顯示其心於此舉的忐忑，而初封王數年間，英布皆按時朝見高祖，至「十一年，高后誅淮陰侯，布因心恐。夏，漢誅梁王彭越，醢之，盛其醢，徧賜諸侯。至淮南，淮南王方獵，見醢，因大恐，陰令人部聚兵，候伺旁郡警急」〔註25〕，其見韓信被誅，心生恐懼，又見彭越被誅，剁成肉醬遍傳諸侯，大驚失色，以為大禍將及於身，不得不暗中部派人手警備。韓信、彭越、英布三人，於圍楚垓下時，發揮極大功用，占有大功，且皆因利誘而助漢，後同封為王，所得功勳、地位相同，故見韓、彭身死而不得不懼，後見漢使查問，即發兵叛變，實為自救而反。最終，高祖用故令尹薛公之計，敗英布軍，其逃亡至越，被殺於田舍，而由薛公分析之語「布故麗山之徒也，自致萬乘之主，此皆為身，不顧後為百姓萬世慮者」〔註26〕，可知英布出身自刑餘之徒，所謀皆為己，格局較小，不能為長遠之計，故其謀出下計而速敗。

英布原為楚軍中最受重用的大將，至奔漢時，對戰局亦有極大影響，是武將之才，然高祖「望布軍，置陳如項籍軍，上惡之」〔註27〕，見其軍而生反感，是因楚、漢相爭而來。當是時，其常佐項籍，與高祖對陣，至投漢，不免心懷不安，恐以舊嫌見誅。人告其謀反時，蕭何謂「布不宜有此，恐仇怨妄誣之」〔註28〕，認為其必不謀反，而後果真起兵時，薛公則稱其「自疑禍及身，故反

〔註23〕見〔漢〕司馬遷著，（日本）瀧川龜太郎注：《史記會注考證．黥布列傳》，高雄市：麗文文化事業股份有限公司，二〇〇〇年九月初版。頁一〇三四上左。

〔註24〕見〔漢〕司馬遷著，（日本）瀧川龜太郎注：《史記會注考證．黥布列傳》，高雄市：麗文文化事業股份有限公司，二〇〇〇年九月初版。頁一〇三四上左。

〔註25〕見〔漢〕司馬遷著，（日本）瀧川龜太郎注：《史記會注考證．黥布列傳》，高雄市：麗文文化事業股份有限公司，二〇〇〇年九月初版。頁一〇三四下左。

〔註26〕見〔漢〕司馬遷著，（日本）瀧川龜太郎注：《史記會注考證．黥布列傳》，高雄市：麗文文化事業股份有限公司，二〇〇〇年九月初版。頁一〇三五下右。

〔註27〕見〔漢〕司馬遷著，（日本）瀧川龜太郎注：《史記會注考證．黥布列傳》，高雄市：麗文文化事業股份有限公司，二〇〇〇年九月初版。頁一〇三六上右。

〔註28〕見〔漢〕司馬遷著，（日本）瀧川龜太郎注：《史記會注考證．黥布列傳》，高雄市：麗文文化事業股份有限公司，二〇〇〇年九月初版。頁一〇三五上右。

耳」〔註29〕，顯示英布並非真欲為帝，其叛是迫於無奈，為求自保而起。《史記》以「自救」為眼，記漢初大將人人自危，不得不反之狀，且因其事眾多，故立之為單傳。

四、《史記‧韓信盧綰列傳》中的盧綰

據《史記》所載，盧綰，沛縣豐邑人，與高祖為世交。因與高祖同日生，及壯復友好，傳為鄉里佳話。高祖未起時，犯事潛匿，其常隨左右，後則以門客身分從之。入漢中時，為將軍，從高祖擊項籍。雖蕭何、曹參等人以事功得高祖禮遇，寵信亦難與之比肩。後受封為長安侯，領地咸陽。不久，定漢天下，擄臧荼，高祖以其為燕王，填臧荼故地，親幸無人能敵。漢十一年（西元前一九六），陳豨反，高祖自擊之，令其助攻東北面，未料陳與匈奴勾結，竟遇突襲。其遣張勝使匈奴以止胡軍，反遭說服，欲用戰事自貴於高祖前，使張從中聯絡匈奴，並遣使與陳往來。隔年，樊噲斬陳豨，得降將言盧、陳共謀之狀。高祖怒，使使召之，而其恐見殺，再三稱病不至，後高祖又得匈奴降者，言張勝往來匈奴之情，怒不可遏，遂使樊噲領軍擊之。盧綰聚族人、部眾於長城下，欲待高祖病體稍癒而自請入謝，然未久，高祖崩，其即率眾逃往匈奴，受封為東胡盧王。時受侵奪，常思復歸，歲餘而亡，死於胡中。

太史公以「楚、漢相距鞏、洛，而韓信為填潁川，盧綰絕籍糧餉。作韓信盧綰列傳」〔註30〕，而以「通胡叛漢」合韓王韓信、盧綰於一傳，以其結局警惕後世，亦側寫出當時匈奴擾邊之苦，與高祖的多疑善忌。其中稱盧綰功在絕楚軍糧道，然究之傳文，卻無相關記載，可見太史公所重者非此，與韓信合觀，則知其側重於通胡一事。盧綰與高祖一起成長，向來友愛，然終竟與陳豨、匈奴等往來，起因為一「利」字，欲藉此事得長王燕，更獲重於高祖。高祖與之相親愛，然其尚恐見誅失國，是因其以為「非劉氏而王，獨我與長沙耳」〔註31〕，後見高祖遣呂后幸臣審食其來問而益恐，則因「往年春，漢族淮陰，夏，誅彭越，皆呂后計。今上病，屬任呂后。呂后婦人，專欲以事誅異姓王者及大

〔註29〕見〔漢〕司馬遷著，（日本）瀧川龜太郎注：《史記會注考證‧黥布列傳》，高雄市：麗文文化事業股份有限公司，二〇〇〇年九月初版。頁一〇三五上左。

〔註30〕見〔漢〕司馬遷著，（日本）瀧川龜太郎注：《史記會注考證‧太史公自序》，高雄市：麗文文化事業股份有限公司，二〇〇〇年九月初版。頁一三四四下左。

〔註31〕見〔漢〕司馬遷著，（日本）瀧川龜太郎注：《史記會注考證‧韓信盧綰列傳》，高雄市：麗文文化事業股份有限公司，二〇〇〇年九月初版。頁一〇五一上右。

功臣」〔註32〕，究其因，是漢室大殺異姓功臣所致，使之不得不謀求愛重。高祖以為其反，怒遣樊噲擊之，而其尚「悉將其宮人家屬騎數千居長城下，候伺，幸上病愈，自入謝」〔註33〕，欲待高祖病癒，自行謝罪，然不久高祖崩，遂逃亡入胡。由此可見，其仍信高祖能念舊情而深懼呂后。盧綰與高祖親近，愛幸無人可比，卻因謀求長王燕且見重於上，竟與胡通，因圖利於胡、漢之間，而身死異鄉，實為可嘆。其原本雖無叛漢之意，然終有背漢投胡之實，故《史記》以之與韓王韓信合為一傳，十分適宜。

《漢書》自《史記》中，裁取出淮陰侯韓信、彭越、英布、盧綰等四人，並取〈項羽本紀〉附傳吳芮提升為主述，合五人為一傳，其意旨為何？十分值得探究，且《史記》眾多附傳裡，何以獨取吳芮？有何意涵？則須再參照吳芮生平事跡來看。

據《史記・項羽本紀》所載，吳芮為鄱縣縣令，率百越佐諸侯叛秦，又從項籍入關，故被立為衡山王，都邾，此為其一生最重要的大事，而其餘事跡則散見於〈高祖本紀〉、〈黥布列傳〉、〈東越列傳〉等處，《漢書》則將相關記載合敘為一段，新增於〈韓彭英盧吳傳〉傳末。依班固所載，吳芮為秦時番陽縣令，甚得民心，號為番君。陳勝起義時，英布來奔，其以女妻之，且率越人舉兵叛秦，以助諸侯，其將梅鋗道遇高祖，則助之攻析、酈二地。及項籍掌天下權，論功而封其為衡山王，其將梅鋗亦為列侯。後高祖定天下，以梅鋗曾助之攻城有功，而善待吳芮，徙為長沙王，都臨湘。高祖五年（約西元前二〇二）二月薨，諡為文王。高祖曾命御史詔告天下，以贊其忠。傳國數世，無子方絕。

由其生平事跡可知，吳芮不甘僅為縣令，除深得民心外，尚能使百越來歸，於天下有變之時，則舉兵應之，麾下亦有能將，實為侯王之質，然所與大戰較少，於楚、漢相爭的過程及結果較無影響，且封王之後，享國數月即薨，傳位後世，故《史記》所述情事並不多，而高祖盛讚其忠，實是因其早逝，未有野心之舉，若其親見淮陰侯韓信死、彭越醢、英布誅等事，其抉擇則尚未可知。太史公以其人可誌，然事跡甚少，故附之於〈項羽本紀〉，錄其生平大事而已。

〔註32〕見〔漢〕司馬遷著，（日本）瀧川龜太郎注：《史記會注考證・韓信盧綰列傳》，高雄市：麗文文化事業股份有限公司，二〇〇〇年九月初版。頁一〇五一上右。

〔註33〕見〔漢〕司馬遷著，（日本）瀧川龜太郎注：《史記會注考證・韓信盧綰列傳》，高雄市：麗文文化事業股份有限公司，二〇〇〇年九月初版。頁一〇五一上左。

綜觀韓、彭、英、盧、吳等五人的生平所歷，可發現其出身、作為、封王原因、結局等，皆不盡相同。班固自言以「信惟餓隸，布實黥徒，越亦狗盜，芮尹江湖。雲起龍襄，化為侯王，割有齊、楚，跨制淮、梁。綰自同閈，鎮我北疆，德薄位尊，非胙惟殃。吳克忠信，胤嗣乃長。述韓彭英盧吳傳」〔註34〕，認為韓、英、彭、吳等四人，出身皆不甚尊貴：韓信無業，飲食仰賴鄰里、英布犯法受黥、彭越為盜匪、吳芮處於江湖之間，然皆因一時風雲際會，而為侯王，占有廣地；盧綰與高祖同里，獲為燕王，鎮守北方，然無賢能而居高位，終招禍亂。其中，特別褒美吳芮的忠信，認為是其嗣能傳位數世之因。由此亦可看出，班固以為其餘四人以不忠信，招致王位及身而絕。此點可再由〈韓彭英盧吳傳〉傳末贊語得到印證：

> 昔高祖定天下，功臣異姓而王者八國。張耳、吳芮、彭越、黥布、臧荼、盧綰與兩韓信，皆徼一時之權變，以詐力成功，咸得裂土，南面稱孤。見疑強大，懷不自安，事窮勢迫，卒謀叛逆，終於滅亡。張耳以智全，至子亦失國。唯吳芮之起，不失正道，故能傳號五世，以無嗣絕，慶流支庶。有以矣夫，著于甲令而稱忠也〔註35〕！

班固以為時高祖封諸將為王，非劉姓者有八，為張耳、吳芮、彭越、黥布、臧荼、盧綰、韓王韓信，及楚王韓信，皆因一時運會而得裂土封王，然不多久，即因勢力強盛遭高祖忌疑，本身亦多疑難安，一旦情勢窘迫，便謀叛逆，以至於滅亡。張耳雖以智保有其國，然至其子，亦因臣屬貫高謀反而失國，僅吳芮能傳五世，更見稱忠信，著於甲令。八人結局之異甚為明顯。其中，指出了韓、彭、英、盧、吳等五人的共通處為「異姓封王」，順及併論張耳、臧荼、韓王信三人，顯示班固以此傳總結漢初異姓諸王之事，且以「異姓封王」為關鍵，繫聯韓、彭、英、盧、吳等五人，而五人結局的不等，則為其提升吳芮為主述的用意所在：特表其忠信，與其餘四人高下相形，警惕後人為臣不忠的淒涼下場。《漢書》將五人分為二組以對比，以韓、彭、英、盧等四人為謀叛組、吳芮一人獨為忠信組，然前者中，韓信負罪為冤，奪爵後忿忿難平，彭越則或有異心，尚無叛逆之舉，二人皆無反叛事實，而英布被迫舉兵自保，與高祖對陣，盧綰則初無反叛之意，終有通胡叛逃之實，二人皆有叛漢事實，顯示其分類有

〔註34〕見〔漢〕班固著，〔清〕王先謙注：《漢書補注．敘傳》，第五冊（全二冊），臺北市：藝文印書館，一九五五年六月初版。頁四二四六。

〔註35〕見〔漢〕班固著，〔清〕王先謙注：《漢書補注．韓彭英盧吳傳》，第三冊（全二冊），臺北市：藝文印書館，一九五五年六月初版。頁一八九五。

內部參差的問題。

此外，《漢書》於韓信部分，移除蒯通之語，另立一〈蒯伍江息夫傳〉，專記漢初利口覆邦的游士，是忽略了蒯於韓信傳的作用。趙翼以為「《史記．淮陰侯傳》全載蒯通語，正以見淮陰之心乎為漢。雖以通之說喻百端，終確然不變，而他日之誣以反而族之者之冤痛不可言也」〔註36〕，認為蒯通語載於韓信傳，可表明韓信的心跡，《漢書》盡刪則無以見其冤。班固於其餘諸人部分較無變更，刪移蒯通語為其整合此傳時所做的最大變動，然卻使韓信的屈枉無由得見，殊為可惜。

《史記》以「功高震主」為眼，立韓信為單傳；以「先秦魏國後裔」合魏豹、彭越於一傳；以「自救」為目，置英布以單傳；以「通胡叛漢」合韓王信、盧綰於一傳；以吳芮大事記於〈項羽本紀〉，立為附傳，各有其旨，而《漢書》以「異姓封王」為繫聯，合韓信、彭越、英布、盧綰、吳芮於一傳，特藉提升吳芮為主述，以之與前四者對比，突顯忠信與叛逆的結局之異，是班固合此五人的深意所在，然其中存有內部矛盾：韓、彭無逆反實舉而負罪，英、盧則有實舉，顯示四人雖同以謀反論，實則有所不同，宜更深入分辨；且吳芮封王不久即薨，而高祖稱其忠信，是為漢家安撫人心的幌子，以之昭示天下，失國者皆逆反，誅除實在是不得已之舉，而班固以之為忠信代表，不免難以使人心服。由此看來，班固立傳用意深遠，並以之總結異姓諸王之事，然人物組合間不甚緊密，且就析離《史記》原合傳組合，另與他傳重組的部分來看，則不若《史記》原有組合的繫聯緊密。

第三節　析《史記》合傳，改增附傳人物為主角的合傳

此類為《漢書》析離《史記》合傳，改增附傳人物為主角者，僅有〈公孫弘卜式兒寬傳〉一篇，合公孫弘、卜式、兒寬等三人為一傳。其中，公孫弘自《史記．平津侯主父列傳》析離而出，卜式以〈平準書〉的附傳提升為主述，兒寬則自〈儒林列傳〉的眾主述中抽出。形式上，班固分解《史記》一篇合傳、一篇類傳，並自書體剪裁其中附傳，耗費心力，特將此三人拼合成傳，定有其欲申之意，然與太史公原篇之意有何不同？則須深入分析，方可得知。

〔註36〕見〔清〕趙翼：《陔餘叢考．卷五．史記四》，第一冊（全四冊），臺北市：新文豐出版股份有限公司，一九七五年十一月初版。頁三。

內容上，於公孫弘部分，增補其朝中對策與奏疏，並增寫其後丞相多見誅事，其餘字句略有調動；於卜式部分，襲用《史記．平準書》相關記載，重新編排，且增其上書與武帝下詔事；於兒寬部分，襲用《史記．儒林列傳》相關記載，增寫其治民、議封禪等大事，增補改動較多；贊語部分，則不用各篇太史公曰，重新撰寫，合論三人。班固特由不同體裁中，裁選、貼合三人，並新寫贊語，顯露其意旨與太史公相異，而新寫的部分，最能看出此舉背後的用意。

班固重新組合《史記》人物，所欲表達者何？繫聯的關鍵為何？所提升的附傳人物，於篇章中扮演何種角色？與其餘主述的關係是否密切？人物相合是否適當？皆值得進一步了解。以下則依序探討《史記》〈平津侯主父列傳〉、〈平準書〉、〈儒林列傳〉中的相關人物，並分析《漢書》該傳之旨，及其人物組合的繫聯之法。

一、《史記．平津侯主父列傳》中的公孫弘

依《史記》所載，公孫弘，字季，齊菑川國薛縣人。年少時曾任薛縣獄吏，以罪免職。後因家貧而以養豬維生，至四十餘歲方習雜家學說，並對繼母十分孝順。武帝建元元年（西元前一四〇），廣招賢良文學之才。其時年已六十餘，應徵為博士，奉命出使匈奴，然所回報情資不合上意，帝以為無才，其遂稱病辭官。元光元年（西元前一三六），武帝再詔賢良文學之士，菑川國又薦之。其難辭眾意，復入京參與策論，被拔為第一，再拜為博士。時漢方開發西南夷道，遣其往視之，還報以為其地無所用，而上不聽。與議時，常只敘明各方案，使上自擇所喜，不逆其鱗，故上以為其行敦厚，善於議論及行政，又能飾以儒術；若遇不得不忤逆廷辯之事，則使汲黯發難於前，己附議於後，故頗得賞識，日漸親貴。與公卿有約，至上前，若察其不合上意，往往違背其約，故引發汲黯不滿，常於廷前面詰之，然所答皆中帝心，竟愈得厚遇。元朔三年（西元前一二六），為御史大夫。時漢已通西南夷，又欲東置滄海、北築朔方郡，其以耗損國力於無用之地，數諫於上。武帝使朱買臣等與之庭辯，而其無以對，自愧目光短淺，卻仍建議暫緩西南夷與滄海郡的開發，武帝許之。常遭汲黯當面指責，仍從容應之，武帝以為謙讓，益厚遇，後以之為丞相，封平津侯。其為人常外示寬厚，實則內心妒恨，如殺主父偃、徙董仲舒等，然舉家財俸祿以養賓客，律己儉約，世人以為賢。後淮南、衡山謀反，自以為過在丞相，上書請以病老免，而武帝慰留。元狩二年（西元前一二一），以丞相身分病故。

《史記》以「大臣宗室以侈靡相高，唯弘用節衣食為百吏先」〔註37〕作此合傳，認為武帝朝時，宗室大臣皆以奢侈為競，獨公孫弘能節縮衣食為百官楷模，其中並無提及主父偃，而於傳末太史公曰中，並論二人，較能一窺究竟：

公孫弘行義雖脩，然亦遇時。漢興八十餘年矣，上方鄉文學，招俊乂，以廣儒墨，弘為舉首。主父偃當路，諸公皆譽之，及名敗身誅，士爭言其惡。悲夫〔註38〕！

太史公以為公孫弘雖富有才識，然若非遇武帝廣招賢良文學人才之時，亦無法被重用為相，而主父偃受武帝重用時，眾皆吹捧，及其族誅，人爭毀之，人情的澆薄、勢利明顯可見，太史公亦由此感懷自身遭遇，發出一聲慨歎，與之同悲。細觀該傳，可發現公孫弘、主父偃皆齊人，且以文進用，公孫弘為菑川國薦舉，為武帝任用文學之士的首批，主父偃則以上書奏事進用，而以性格言之，前者「為人意忌，外寬內深。諸嘗與弘有卻者，雖詳與善，陰報其禍」〔註39〕，裡外不一，非真君子，後者則於重回故鄉時，諷刺過往不善待之者，且其曾游燕國不遇，後發燕陰事，使燕王以死罪論，及至齊，又使人風王以陰事，齊王因而自殺，種種事跡，顯示主父偃亦是心胸狹窄、行事偏邪之人。後公孫弘以議置朔方郡事，與主父偃有隙，至齊王自殺，牽連至主父時，上欲毋誅，公孫即以「不誅主父偃，無以謝天下」〔註40〕動上，終族主父偃。二人同出齊地，皆以文進用，氣量狹小，而結局相糾葛，關係密切，太史公以之合二人同傳，藉以指出武帝朝緣儒飾法之端，並說明外儒內法何由盛行，十分適宜。

二、《史記・平準書》中的卜式

據《史記》所載，卜式為河南人，以畜牧為業，雙親死而有少弟，及弟長，家產盡予之，獨取羊百餘頭，牧於山野十餘年，以之致富，而其弟敗盡家業，

〔註37〕見〔漢〕司馬遷著，（日本）瀧川龜太郎注：《史記會注考證・太史公自序》，高雄市：麗文文化事業股份有限公司，二〇〇〇年九月初版。頁一三四五下右。

〔註38〕見〔漢〕司馬遷著，（日本）瀧川龜太郎注：《史記會注考證・平津侯主父列傳》，高雄市：麗文文化事業股份有限公司，二〇〇〇年九月初版。頁一一九〇上左。

〔註39〕見〔漢〕司馬遷著，（日本）瀧川龜太郎注：《史記會注考證・平津侯主父列傳》，高雄市：麗文文化事業股份有限公司，二〇〇〇年九月初版。頁一一八四下右。

〔註40〕見〔漢〕司馬遷著，（日本）瀧川龜太郎注：《史記會注考證・平津侯主父列傳》，高雄市：麗文文化事業股份有限公司，二〇〇〇年九月初版。頁一一九〇上右。

卜式復分產予之者數。時漢擊匈奴，其上書言欲獻半家產助邊境事，且無所求。武帝本欲賞之，而公孫弘以為非人常情，故終無報償。不久，因兵數出等事，倉府空虛，貧民大徙，其又捐二十萬。河南守上書報捐金冊，武帝又見其名，遂賜賞，而其復盡與縣官。上以為長者，使之為郎，牧上林苑羊。羊肥多生息，武帝見之稱善，而其稱治民亦如是，上大奇，以之為緱氏令、成臯令，皆善，遂遷為齊王太傅。後漢欲與南越船戰，其上書云願父子與齊習船者同往戰。天子大悅，賜關內侯爵及封賞，拜為御史大夫，然不久即因鹽鐵買賣、船稅等事，使武帝不喜，貶為太子太傅。時桑弘羊領大農令，取利於民，會天小旱，卜式以為桑使吏販物求利於民，此舉非當，烹之，天乃雨。

太史公以「維幣之行，以通農、商。其極則玩巧，并兼茲殖。爭於機利，去本趨末。作〈平準書〉」〔註41〕，以此記武帝朝時，兵戎紛起，國庫空虛，朝廷置鹽鐵、告緡等制度，取利於民，致使倉府滿盈，然百姓中產以上多數破敗，經濟遭受嚴重打擊的情形，並述酷吏之所由起，且於篇末太史公曰，細數歷代至秦時的貨幣、商賈情狀，更以「於是外攘夷狄，內興功業，海內之士，力耕不足糧饟，女子紡績不足衣服。古者嘗竭天下之資財以奉其上，猶自以為不足也。無異故云。事勢之流，相激使然，曷足怪焉」〔註42〕作結，認為是內外興業，造成男子力耕而不足食，女子紡織而不足衣的情形，亦是奉天下之財於上，仍嫌不足之因。雖未明指為武帝朝，然傳首稱「漢興，接秦之弊」〔註43〕，正可承太史公曰所敘朝代續讀而下，內容則詳載武帝因數伐外族，開邊置郡，耗費國力甚鉅的後果，及其後所置制度的影響，即為「爭於機利，去本趨末」，與太史公曰末所述者同，而篇末結以卜式語，點名興利之非，認為嚴刑巧法以求利，非富強之策。

徐復觀以為：

> 武帝因席豐履厚而生侈泰之心；因侈泰之心而生窮兵黷武之念。因窮兵黷武而大量消耗國家社會的資材；因大量消耗國家社會的資材

〔註41〕見〔漢〕司馬遷著，（日本）瀧川龜太郎注：《史記會注考證・平津侯主父列傳》，高雄市：麗文文化事業股份有限公司，二〇〇〇年九月初版。頁一三四一上右。

〔註42〕見〔漢〕司馬遷著，（日本）瀧川龜太郎注：《史記會注考證・平準書》，高雄市：麗文文化事業股份有限公司，二〇〇〇年九月初版。頁五二一下左。

〔註43〕見〔漢〕司馬遷著，（日本）瀧川龜太郎注：《史記會注考證・平準書》，高雄市：麗文文化事業股份有限公司，二〇〇〇年九月初版。頁五一〇上左。

> 而講求各種特殊的財經措施；因特殊的財經措施而破壞了政治社會的正常結構；因破壞了政治社會的正常結構而民不聊生，引起山東的盜賊蠭起，便不能不倚賴嚴刑峻罰的酷吏之治、屠殺之政。武帝的泰侈之心不已，多事不已，於是「事勢之流，相激使然」，上述情形互相因緣，成為整個的惡性循環，使漢幾至於亡國。史公不把武帝的財經政策，作孤立的處理，而是在「相激使然」中的互相因緣的整個惡性循環中加以處理。最後結以卜式的「烹弘羊，天乃雨」，為武帝的財經政策，作一暗示性的深刻評斷〔註44〕。

認為《史記》正是以〈平準書〉記載漢初經六十餘年的休養生息後，於武帝一朝所出現的財政變化，其由盛轉衰的走勢明顯易見，而關鍵即為武帝的心生侈泰，導致「竭天下之資財以奉其上，猶自以為不足」。卜式為該篇一特殊人物，同為武帝所拔擢的商賈，卻與桑弘羊等人相異，以一深明經濟活動的資深商人身分，表達出對財經政策的不贊同，不啻是一道振聾發聵的聲音！吳福助以為「卜式以田牧之富輸助公家，又求父子從軍擊南越，可謂樸忠矣！史公引其言以著鹽鐵、租船之害，又以著桑弘羊之罪，處處關合夾敘」〔註45〕，認為當時富賈皆欲匿其家產，唯卜式願輸助公家，且求父子從軍擊南越，實屬難能可貴，而太史公以卜式言，昭明興利之害，及桑弘羊等銳意求利之臣的過錯，並特以之生平遭遇貫串該篇後半部，處處與桑弘羊等相形。細觀卜式一生所為，主要有三：以家產輸助公家、父子願俱往戰南越、於鹽鐵、船稅事的看法與武帝、孔僅等人相違，皆與當時人情相逆，且同以商賈出身，數致富，以卜式之言駁斥桑弘羊等人短視近利的策略，特別具有說服力。《史記》書體所記者為國家大體，而太史公以卜式為附傳，置之於〈平準書〉中，與時情處處對比相形，更顯世道、人心的不古，及銳求近利的禍害，有助於突顯主旨，十分適宜。

三、《史記‧儒林列傳》中的兒寬

太史公於《史記‧儒林列傳》中，記述《尚書》的流傳與承繼時，提及兒寬。秦火之後，《尚書》得能傳世，皆賴伏生。伏生傳張生、歐陽生，歐陽生再傳於千乘、兒寬。兒寬因此得以文學薦舉，至博士孔安國門下受業。雖因家

〔註44〕見徐復觀：《兩漢思想史》，卷三（全三卷），臺北市：臺灣學生書局，一九七九年九月初版。頁三八一。

〔註45〕見吳福助：《史記解題》，《掌故叢書》〇〇六冊，臺北市：河洛圖書出版社，一九七九年四月臺初版。頁四八。

貧而常傭僱於人，賺取生活資用，卻仍勤學不輟。不久，以考試成績遞補廷尉史缺。其為人溫良自持，善書奏而拙口齒，得張湯賞識，薦於武帝，武帝悅之。張湯死後六年，其位至御史大夫，以和順承上，而能久居其位，然無所匡諫，故下屬輕之，不為其盡力。又九年，以官卒。

《史記》以「自孔子卒，京師莫崇庠序。唯建元、元狩之閒，文辭粲如也。作〈儒林列傳〉」〔註46〕，藉之記漢初傳承儒家經典的群儒。儒學自孔子後，經歷戰國的尚法崇武、秦代的焚書坑儒，及秦、漢之際的連年兵禍，一直不甚昌隆，其中尤以秦始皇焚書坑儒的影響最大，使先秦文獻遭受到劇烈摧折，幾近無存，直至漢時，惠帝廢挾書令、文帝獎勵獻書，才漸有復甦，而自武帝罷黜百家獨尊儒，設置太學、五經博士、博士弟子員、察舉制等人才選用制度後，習經者日眾，奠定後世儒家為正統的學術主流。太史公於篇首稱「余讀功令，至於廣厲學官之路，未嘗不廢書而歎也」〔註47〕，傳中則詳載公孫弘議置博士弟子員，及其晉用制等言，認為武帝用其議，致使儒學蒙上功利色彩，後人研經不重探取中心精神，反專務博取高位，儒道承繼之難，竟更甚以往。吳福助認為：

> 公孫弘曲學阿世以至富貴，不能興禮彰教，乃言武帝廣厲學官，誘之以利祿之途，於是儒者之道以熄。自孔、孟以來，群儒相承之統，經戰國、秦、漢絀滅擯棄而未嘗絕者，公孫弘以一言敗之，史公於文端深致慨嘆，即有感於儒學之寖衰也〔註48〕。

認為武帝拔公孫弘至高位，以鼓勵儒者，然因其非正道，專阿主意，又議武帝廣厲學官以誘才學之士，反使儒道衰微。太史公於傳中屢以之穿插，言其側目轅固生、排擠董仲舒等，皆顯其心胸狹窄易妒，非君子仁人之士，暗諷武帝識人之誤。

《史記．儒林列傳》為一類傳，記漢初傳經諸儒，以明秦火、兵禍後，群經傳承的脈絡，且分由《詩》、《書》、《禮》、《易》、《春秋》等六條線索敘之。於《尚書》部分，兒寬為太史公傳述的最後一人，為伏生的再傳，又受

〔註46〕見〔漢〕司馬遷著，(日本)瀧川龜太郎注：《史記會注考證．太史公自序》，高雄市：麗文文化事業股份有限公司，二〇〇〇年九月初版。頁一三四六上右。

〔註47〕見〔漢〕司馬遷著，(日本)瀧川龜太郎注：《史記會注考證．儒林列傳》，高雄市：麗文文化事業股份有限公司，二〇〇〇年九月初版。頁一二五三上左。

〔註48〕見吳福助：《史記解題》，《掌故叢書》〇〇六冊，臺北市：河洛圖書出版社，一九七九年四月臺初版。頁一四五。

業於孔安國，合當時治《尚書》的二大家於一，且其位至御史大夫，於士人有一定的影響，遂列為主述之一，而其「在三公位，以和良承意，從容得久，然無有所匡諫於官」〔註49〕，則顯示其專以和順承主意，無所助益於朝，非耿介之臣。

《漢書》合公孫弘、卜式、兒寬為一傳，以「平津斤斤，晚躋金門，既登爵位，祿賜頤賢，布衾疏食，用儉飭身。卜式耕牧，以求其志，忠寤明君，乃爵乃試。兒生亹亹，束髮修學，偕列名臣，從政輔治。述〈公孫弘卜式兒寬傳〉」〔註50〕，稱公孫弘晚年得爵，俸祿皆用以延賢，且律己以儉；卜式為田牧出身，以忠見用，武帝遂試之以官，皆能展才；兒寬為儒生，勤勉修學，終能位至三公，然其中無法看出三人何以合述成傳，而由其傳末贊語來看：「公孫弘、卜式、兒寬皆以鴻漸之翼困於燕爵，遠迹羊豕之間，非遇其時，焉能致此位乎」〔註51〕？可發現班固認為三人皆有鴻鵠之志，卻苦無法進，而終能登高位，其因為「遇時」，以為時武帝方渴賢才，求如不及，三人遂得進用，然因遇時而同為武帝所招者，不止公孫、卜、兒等三人，班固究竟以何為線索，繫聯三人？

細觀公孫弘、卜式、兒寬的生平，可知三人皆曾為御史大夫，公孫弘以之晉丞相職，兒寬則接替卜式而來。其中，以出身來看，公孫弘、兒寬皆以文學進用，卜式則以牧商起家；就性格而言，公孫弘外寬內詐，卜式號稱樸忠，兒寬和順承上，各有不同；而公孫弘以壽終，兒寬卒於任，卜式之亡則《史記》無載，《漢書》補之，可知其亦以壽終。三人除曾為御史大夫外，餘皆略有不同，然若以「御史大夫」合之，則應與〈張周趙任申屠傳〉相合為一，不應別立，故可知班固另有聯繫三人之鑰。李景星以為：

> 班氏之意，蓋以三人之曲而為之合耳。公孫弘曲於對策，卜式曲於助邊，兒寬曲於議封禪。其學不學及學之深淺雖異，而曲以阿世則同，故班氏合而傳之〔註52〕。

〔註49〕見〔漢〕司馬遷著，（日本）瀧川龜太郎注：《史記會注考證．儒林列傳》，高雄市：麗文文化事業股份有限公司，二〇〇〇年九月初版。頁一二五八上左。

〔註50〕見〔漢〕班固著，〔清〕王先謙注：《漢書補注．敘傳》，第二冊（全二冊），臺北市：藝文印書館，一九五五年六月初版。頁一七七八上右。

〔註51〕見〔漢〕班固著，〔清〕王先謙注：《漢書補注．公孫弘卜式兒寬傳》，第二冊（全二冊），臺北市：藝文印書館，一九五五年六月初版。頁一二二〇下右。

〔註52〕見李景星著，韓兆琦、俞樟華校點：《四史評議》，《舊籍新刊》，湖南省長沙市：岳麓書社，一九八六年十一月初版。頁二一一。

認為三人皆曲意媚上，以邀榮寵：公孫弘逢迎上意，常與汲黯等約而背之，不敢力爭；卜式不計財利，捐家產助邊，與俗情相異，公孫弘亦曾評其舉非人之常情；《漢書》錄兒寬議封禪、上壽等事，言辭阿諛，可見其曲意承上之處。班固藉此傳記當時人才晉用之風，以「曲意媚上」合三人為一傳，並於傳末贊語細數武帝的所得人才，其中或優或劣，可見其用人之雜，而公孫、卜、兒三人竟以曲意居高位，班固謂之為「遇時」，則隱有對武帝識人、用人之方的不贊同。

《史記》以同為齊人、皆以文進、氣量狹小，且關係截斬不斷，合公孫弘、主父偃為〈平津侯主父列傳〉；以卜式與武帝、桑弘羊等求近利者相形，附之於〈平準書〉；因兒寬為漢初傳承《尚書》的一環，遂列為〈儒林列傳〉眾多主述之一，皆有其理，而《漢書》特析解合傳、書、類傳，抽出三人，以「曲意媚上」合之，其著眼處與太史公截然不同，然各有其妙，皆能突顯欲表之旨，故亦為一適當的組合。

第四節　析《史記》合傳，改增附傳、新增人物為主角的合傳

此類為《漢書》析離《史記》合傳，改增附傳、新增人物為主角者，共有〈賈鄒枚路傳〉、〈嚴朱吾丘主父徐嚴終王賈傳〉二篇。其中，前者為賈山、鄒陽、枚乘、路溫舒等四人合傳，鄒陽析離自《史記．魯仲連鄒陽列傳》，枚乘由該傳的附見提升而來，賈山、路溫舒則為《史記》所無，皆為《漢書》新增的人物；後者為嚴助、朱買臣、吾丘壽王、主父偃、徐樂、嚴安、終軍、王褒、賈捐之等九人合傳，嚴助由《史記．酷吏列傳》的附傳提升為主述，朱買臣亦自該傳析離而出，主父偃析離自〈平津侯主父列傳〉，徐樂、嚴安二人由該傳附傳提升為主述，終軍由〈南越列傳〉的附見提升而來，吾丘壽王、王褒、賈捐之則為《史記》所無，是《漢書》的新增人物。由此二篇的人物組合，可看出班固單篇合傳人數增多的趨勢，且愈顯體制龐大，而其除承繼《史記》人物，加以重新組合外，又自各篇合傳、類傳中，裁取附傳、附見，更增以《史記》所無的新人物，過程繁複，所耗心力甚鉅，定有所欲傳達的意涵。其人物承自《史記》者，與太史公原取之入傳的用意有何異同？由附傳、附見提升為主述者，於該傳有何緊要？所新增的人物，能否適切表達其深意？眾多人物合為一

傳，其間繫聯為何？是否關係緊密？皆須經由深入的分析，方能得知班固裁剪的用意所在。

形式上，《漢書》二篇的命題，皆採唯書姓氏之法，鎔《史記》不同傳體為一，單篇相合的人數遠勝《史記》；內容上，人物承自《史記》的部分，多增補文書等類，如於鄒陽部分增其〈諫吳王書〉、於嚴安部分則增其所上書，而由附傳、附見提升者，及新增人物部分，多為班固重新編寫。至於贊語部分，亦為新寫，可明顯看出其傳意旨，及班固於諸人之評。

《漢書》大費周章，重組《史記》人物，所欲表達者何？繫聯的媒介為何？所提升的附傳、附見人物，於篇章中扮演何種角色？人物相合是否適當？連結是否緊密？皆為可論之處。以下則取〈賈鄒枚路傳〉，依序探討《史記》〈魯仲連鄒陽列傳〉、〈司馬相如列傳〉中的相關人物，及《漢書》新增的人物，並分析該合傳之旨，及其人物組合的繫聯之法。

一、《史記・魯仲連鄒陽列傳》中的鄒陽

依《史記》所載，鄒陽，齊人，景帝時游於梁地，與莊忌、枚乘等人相往來，而與羊勝、公孫詭同事梁孝王劉武。羊等嫉其才，誣毀之。鄒遂下獄，將見殺。因恐身負罵名而死，難以明冤，乃自獄中上書，自白曲枉。通篇排儷井然，細舉歷來忠而遭妒，冤而見斥的賢士，以喻自身，最終以強烈的反詰句「安有肯盡忠信而趨闕下者哉」〔註53〕作結，強調使忠臣蒙冤之誤，將使人材外流，不為盡力，成功打動梁孝王。書至而釋之，奉為上客。

太史公以「能設詭說解患於圍城，輕爵祿，樂肆志。作魯仲連鄒陽列傳」〔註54〕，認為魯仲連說魏使者以救趙，義不帝秦，後又射書入聊城，以說燕將，言辭鏗然，雖在江湖，而能不慕榮利，不屈於諸侯，拒絕趙平原君趙勝的賞賜，以及齊國田單的封爵，實足可觀。其中，並無提及鄒陽事跡，無法得知魯、鄒二人相合之因。細察其傳末太史公曰：

> 魯連其指意雖不合大義，然余多其在布衣之位，蕩然肆志，不詘於諸侯，談說於當世，折卿相之權。鄒陽辭雖不遜，然其比物連類，

〔註53〕見〔漢〕司馬遷著，（日本）瀧川龜太郎注：《史記會注考證・魯仲連鄒陽列傳》，高雄市：麗文文化事業股份有限公司，二〇〇〇年九月初版。頁九八二上右。

〔註54〕見〔漢〕司馬遷著，（日本）瀧川龜太郎注：《史記會注考證・太史公自序》，高雄市：麗文文化事業股份有限公司，二〇〇〇年九月初版。頁一三四四上左。

有足悲者，亦可謂抗直不橈矣，吾是以附之列傳焉〔註55〕。

可發現太史公讚賞魯仲連身為布衣，能輕世肆志，寧貧賤而不屈於諸侯，言說於當世，魏使者退而燕將自絕，作為如同卿相，存危國、解圍城，是棟樑之才，而於鄒陽方面，則稱其〈獄中上梁孝王書〉，能連結同類事物，力表冤屈以自救，欣賞其「抗直不橈」的精神。其中，特別點出的是魯仲連的「不詘」，及鄒陽的「不橈」，「不詘」指的是不屈服，「不橈」意為不枉屈，皆有不屈折於人之義。李景星以為「魯仲連、鄒陽，中間相距百歲，時異代隔，絕無聯絡，而太史公合為一傳，以其性情同也」〔註56〕，認為魯、鄒二人的繫聯關鍵為「性情」。細觀魯、鄒二人生平，際遇起伏不同，確無相似之處，而太史公錄魯仲連說魏使者、射燕將書，分別表達其「排紛解難無所取」的不愛財利，及「輕世肆志」的不慕爵貴；錄鄒陽〈獄中上梁孝王書〉，以表其力抗不屈的精神，二者皆取能表其性情之事而載記之，故可知《史記》確以「性情」為聯繫二人的媒介。太史公以之合魯仲連、鄒陽二人，以「不詘不橈」為傳眼，藉此傳讚揚不屈不折的精神，十分適宜。

二、《史記‧司馬相如列傳》中的枚乘

據《史記》所載，枚乘之名僅出現二次。太史公於〈魯仲連鄒陽列傳〉中，述及鄒陽的交遊時，言其「游於梁，與故吳人莊忌夫子、淮陰枚生之徒交」〔註57〕，其中，「枚生」所指，即為枚乘，然其餘事跡則不見記載，僅為該傳附見而已；於〈司馬相如列傳〉中，言司馬相如游梁之因時，提及梁孝王朝漢時，從人中有淮陰枚乘，其生平事跡則無論，亦為該傳的附見。《史記》以該傳記當時辭賦大家司馬相如的生平始末，而司馬見鄒陽、枚乘等，遂稱病去職，樂游梁地，可知其習氣相投，枚乘亦同為善辭賦者。

其生平依《漢書‧賈鄒枚路傳》所載可知，枚乘，字叔，淮陰人。文帝時，為吳王劉濞郎中。時劉濞初謀逆，曾進書諫之，然竟不納，遂去之游梁。景帝

〔註55〕見〔漢〕司馬遷著，（日本）瀧川龜太郎注：《史記會注考證‧魯仲連鄒陽列傳》，高雄市：麗文文化事業股份有限公司，二〇〇〇年九月初版。頁九八二上右。

〔註56〕見李景星著，韓兆琦、俞樟華校點：《四史評議》，《舊籍新刊》，湖南省長沙市：岳麓書社，一九八六年十一月初版。頁七六～七七。

〔註57〕見〔漢〕司馬遷著，（日本）瀧川龜太郎注：《史記會注考證‧魯仲連鄒陽列傳》，高雄市：麗文文化事業股份有限公司，二〇〇〇年九月初版。頁九七八上左～下右。

即位，吳、楚舉兵，以誅鼂錯為名，而漢斬鼂以謝諸侯。其復說劉濞，然終不見用，吳遂見滅。漢平七國後，其由此聞名，景帝召拜為弘農都尉，然其不樂為吏，遂以病去官。復游梁，為客中最善辭賦者。後梁王劉武薨，其歸故里。及武帝即位，召之以緩車蒲輪，然其已年老，未及而卒於途。

枚乘為西漢辭賦家之一，年代早於司馬相如，然《史記》無取其文采，殊為可惜，《漢書》則增入其〈諫吳王書〉、〈復諫吳王書〉等，顯其特質。其中，〈復復諫吳王書〉疑為後人所作，班固誤收，然僅就〈諫吳王書〉而言，亦可見其文采斐然，粲然可觀。

三、《漢書》新增人物：賈山、路溫舒

賈山、路溫舒二人事跡，《史記》無載，《漢書》增之，以與鄒陽、枚乘相合，其生平須自〈賈鄒枚路傳〉中尋覓，方可得見。賈山，文帝時潁川人，其祖為先秦魏國博士弟子，家學淵源，然其所習甚雜，非純儒。嘗為潁陰侯灌嬰的隨從。曾以秦為喻，上書言治亂之道。不久，文帝開鑄錢令，其復上書諫以為非是，後又上書，以為淮南王無大罪、應戒柴唐子等事。其言慷慨激切，陳理甚明，因而廣開諫爭之路。文帝亦採其議，復禁鑄錢。

路溫舒，字長君。昭帝、宣帝時鉅鹿東里人。其父為里監門，使之牧羊，而其截蒲為牒，自學習字。後自求為獄小吏，以學律令，因而能轉為獄史。不久，受太守賞識，又習春秋，遂以孝廉舉為丞，坐法免官後，復為郡吏。元鳳中，廷尉解光治詔獄，請使之為助。會昭帝崩，皇室多舛，而宣帝初即位，其遂上書建言尚德緩刑。上善之，遷為廣陽私府長。內史以文學舉薦之，遷右扶風丞。時詔令選出使匈奴者，其上書願往，然未獲選。久之，遷臨淮太守，有佳績，卒於任。

賈、路二人，非同時之人，生平際遇亦無相似之處。賈山為太史公可得見者，然不見於《史記》，《漢書》則以為有可取之處而載之，所錄事跡甚少，較無法見其性情，然其多次不畏逆鱗，慷慨陳辭，可知其勇於諫諍，為人有剛直無畏的一面。路溫舒為太史公所不及見者，《漢書》錄之，以與賈山、鄒陽、枚乘相合，而由自學習字、求為小吏等事跡，可知其勤奮上進；廷尉治獄，請使之為助，顯示其善於律令文書；後又自請往使匈奴，則顯其大志，欲為大業，然不獲選；終卒於任，而班固稱之，以為治政有佳績，可見其善為良吏。其為人果敢，心有屬意則力求爭取，故常有自薦之舉，且不畏死難，敢自請為使，

可知其有鴻鵠之志。班固以二人與鄒、枚相合，其貼合的關鍵、欲表的意旨，須綜合四人生平事跡來看，由〈賈鄒枚路傳〉中分析，才能得知。

綜觀賈、鄒、枚、路四人生平，可發現四人無共同交集：賈為文帝時人，路為昭帝、宣帝時人，僅鄒、枚二人同為景帝時人，且有交遊往來，皆為梁孝王劉武賓客，其餘際遇則無相似之處。細察《漢書》所載，可知班固以為四人之可記，在於「上書」一事：錄賈山以〈至言〉，傳鄒陽以〈諫吳王書〉、〈獄中上梁王書〉，載枚乘以〈諫吳王書〉、〈復諫吳王書〉，記路溫舒以〈建尚德緩刑書〉，皆取其文辭可觀者入傳。班固自言以「榮如辱如，有機有樞，自下摩上，惟德之隅。賴依忠正，君子采諸。述〈賈鄒枚路傳〉」〔註58〕，以為貴賤榮辱雖有時，然賈山等人能上書諫主，可謂有德，且亦因其辭忠正，故特採之入傳。其中，並未特指何人事跡，而於該傳末贊語，分說較明：

> 春秋魯臧孫達以禮諫君，君子以為有後。賈山自下劘上，鄒陽、枚乘游於危國，然卒免刑戮者，以其言正也。路溫舒辭順而意篤，遂為世家，宜哉〔註59〕！

班固認為春秋時期魯臣臧孫達，能以禮諫君，周史聞之，以為其德能福澤後人，而賈山身處下位，卻敢於剴切諫上，鄒陽、枚乘游於離漢異心的吳、梁之間，三人終保全身的原因，即在於言辭忠正不偏，與臧孫達同類。路溫舒則以其辭和順且心意忠厚，能傳其家世，子孫皆至牧守大官，亦為臧孫達之輩。其中，點出該傳的傳旨為「以禮諫君」，而貼合賈、鄒、枚、路四人的媒介，即為「諫言」，其言辭的核心特質則為「忠正」，以其忠誠理正而相合，顯示此即為《漢書》所欣賞、讚揚的個人特質，及班固述該傳時，所欲傳達後世的精神內涵。

《史記》以「不詘不橈」合鄒陽於〈魯仲連鄒陽列傳〉，以枚乘為鄒陽所往來者，附見於該傳，各有所因，《漢書》則因斷代所限，去戰國魯仲連，獨取鄒陽一人，且提升枚乘為主述，又增錄賈山、路溫舒二人，以「諫言忠正」貼合四人，並錄其文辭頗有可觀者，以為印證，以之表現出班固所重視，且欲後世效法學習的精神特質。《史》、《漢》所重者不同，然皆以精神特質為聯繫，非以表面身分、官職等相合，連結較密，又各能善加傳達其宗旨，其主述人物

〔註58〕見〔漢〕班固著，〔清〕王先謙注：《漢書補注・敘傳》，第二冊（全二冊），臺北市：藝文印書館，一九五五年六月初版。頁一七七七上左～下右。

〔註59〕見〔漢〕班固著，〔清〕王先謙注：《漢書補注・賈鄒枚路傳》，第二冊（全二冊），臺北市：藝文印書館，一九五五年六月初版。頁一一一九上左～下右。

的組合，皆十分適宜。

透過分析《漢書》〈魏豹田儋韓信傳〉、〈韓彭英盧吳傳〉、〈公孫弘卜式兒寬傳〉、〈賈鄒枚路傳〉等四篇合傳，可發現班固大費周章，拆解《史記》合傳人物，重新與他傳、附傳，甚至新增人物相合，其所欲表的意旨，與《史記》原傳相去甚遠。

《漢書・魏豹田儋韓信傳》以「六國後裔」、「國及身而絕」合魏、田、韓三人，以該傳記秦末六國遺族之事，與《史記》以〈魏豹彭越列傳〉、〈田儋列傳〉、〈韓信盧綰列傳〉三傳，分別記六國魏後、齊後之事，及通胡叛國的下場，而以「魏」為線索連結魏、彭二人、以「能得士」為眼，論田氏兄弟之賢、以「通胡叛國」為媒，貼合韓信、盧綰二人，有所不同。其中，班固以魏、田、韓三人的外顯身分為貼合之媒，雖能合三人於一處，然略不如太史公寓「受刑忍死」於〈魏豹彭越列傳〉、隱「能得士」於〈田儋列傳〉，以贊田氏兄弟之賢，暗喻漢之不能得、警世人「通胡叛國」之果於〈韓信盧綰列傳〉，以內隱精神為重較佳，殊為可惜。

〈韓彭英盧吳傳〉以「異姓封王」為媒，收韓信、彭越、英布、盧綰、吳芮於一傳，鎔《史記》單傳、合傳、附傳於一爐，與其原以「功高震主」單傳韓信、以「六國魏後」合魏豹、彭越、以「自救」單傳英布、以「通胡叛漢」合韓王信、盧綰等意旨相異，而於其中，特別提升吳芮為主述，以之與前四者對比，突顯出忠信奉上與謀逆反叛的結局之異。用意雖深，然其以為韓、彭、英、盧皆為謀逆，實宜更深入辨明：韓、彭無反舉而獲罪，英、盧有反舉則為實。班固以此傳總結漢初異姓諸王，使之優劣相形，然人物組合間，卻存有內部參差，則不若《史記》原有組合的緊聯緊密。

〈公孫弘卜式兒寬傳〉自《史記・平津侯主父列傳》析離出公孫弘，而分由〈平準書〉、〈儒林列傳〉中，取出附傳卜式、兒寬，另以「曲意媚上」合三人為一傳，其著眼處與太史公不同。《史記》以公孫弘、主父偃皆以文進用，性格相近，且際遇多交集，故合為一傳，借之表武帝朝儒術盛行之端；附卜式於〈平準書〉中，以其樸忠，與桑弘羊等急功近利之輩相形；以兒寬為漢初《尚書》傳承的一環，附之於〈儒林列傳〉，《漢書》則以為公孫布被諸事、卜式捐產助邊、兒寬祝上壽等言，皆違逆人情，曲意逢迎武帝，以之表武帝識人之偏，二者各得其理，皆能善加傳達作者意旨，俱為適當的組合。其中，太史公認為卜式樸忠，而班固以為媚上，是《史》、《漢》於此傳人物的觀點中，明顯相異之處。

〈賈鄒枚路傳〉中，賈山為文帝時人，而《史記》無錄，鄒陽析離自〈魯仲連鄒陽列傳〉，枚乘則自該傳附見提升為主述，而路溫舒為昭帝、宣帝時人，為太史公所不及見。其中，賈、路二人為《漢書》新增的人物，班固以「諫言忠正」貼合賈、鄒、枚、路四人，立意新穎，且除納賈、路入傳外，鄒、枚二人的入傳之由，亦與太史公原採之入《史記》的原因不同，並多所增補，故此傳幾近新立。《史記》以「不詘不橈」作〈魯仲連鄒陽列傳〉，合魯仲連、鄒陽二人，且以枚乘為鄒陽常往來的友朋，而附見之，《漢書》則以「諫言忠正」合賈、鄒、枚、路，並強調「忠正」特質，是《史》、《漢》二傳盡以精神特質為重，所取的人物組合，亦皆可突出欲顯之旨，是為適當的組合。

由分析《漢書》此四篇合傳，及其所承襲的《史記》篇章、人物可知，以形式而言，《史記》命題多方，有稱其爵號者，如〈淮陰侯列傳〉、〈平津侯主父列傳〉，有稱其時稱者，如〈黥布列傳〉，有姓名具出者，如〈魏豹彭越列傳〉等，變化多端，《漢書》析取合併後，則簡化為二種命篇方式，即姓名具出，如〈魏豹田儋韓信傳〉、〈公孫弘卜式兒寬傳〉，及唯書姓氏，如〈韓彭英盧吳傳〉、〈賈鄒枚路傳〉，較為整齊；以人物關係的緊密度而言，《漢書》略不如《史記》，如〈魏豹田儋韓信傳〉僅以外顯身分貼合主述，未寓深意、〈韓彭英盧吳傳〉的人物組合上，有內部矛盾，未能詳細表明。另就立意而言，《漢書》析取歸併《史記》人物，其意旨與太史公原傳相異，除〈魏豹田儋韓信傳〉略為整併《史記》〈魏豹彭越列傳〉、〈田儋列傳〉部分主旨外，餘皆新立，而《史記》各篇背後，皆隱有深意，或諷漢未能得人，或表自身感慨等，非由表面直視，即能參透，《漢書》重新析取組合後，則警世人忠逆之異於〈韓彭英盧吳傳〉，明武帝識人之偏於〈公孫弘卜式兒寬傳〉，讚揚忠正特質於〈賈鄒枚路傳〉，立意亦佳，唯〈魏豹田儋韓信傳〉僅表六國遺族之事，失魏、田、韓三人本身寓涵的特質，是可惜之處。

第陸章　結　論

太史公作《史記》，首創以人物為中心的紀傳體，《漢書》承其而來，於西漢初期至武帝年間，約七十餘年之事，多採《史記》原載，稍加增删而已，二書的異同之處，亦可緣此得見。本論文以此重合時限為界，專就傳體中「合傳」一類，探討太史公、班固於其中的取捨剪裁，以明《史》、《漢》風格的差異與特色。其中，《漢書》裡屬於研究範圍者，共有二十四篇，主要引用《史記》篇章約四十一篇，而以其敘事主從關係出發，參酌班固襲改手法之別，可分為三大類十三小類。

第一類為《漢書》重合或合併《史記》篇章的合傳，下分為四小類：與《史記》合傳重合者，有〈張耳陳餘傳〉、〈爰盎鼂錯傳〉、〈景十三王傳〉、〈衛青霍去病傳〉等四篇；併《史記》單傳為合傳者，有〈陳勝項籍傳〉、〈蕭何曹參傳〉二篇；併《史記》合傳為合傳者，有〈樊酈滕灌傳靳周傳〉、〈張馮汲鄭傳〉二篇；併《史記》單傳、合傳為合傳者，有〈荊燕吳傳〉、〈季布欒布田叔傳〉二篇，共計十篇，涵蓋《史記》傳體十六篇，約占研究範圍比例的○．四二。

第二類為《漢書》以《史記》本傳增入附傳人物為主角的合傳，其下細分為五：以《史記》單傳增入附傳人物為主角者，有〈高五王傳〉、〈張周趙任申屠傳〉、〈文三王傳〉、〈李廣蘇建傳〉等四篇；以《史記》合傳增入附傳人物為主角者，有〈淮南衡山濟北王傳〉、〈萬石衛直周張傳〉二篇；併《史記》單傳且增入附傳人物為主角者，僅有〈張陳王周傳〉一篇；併《史記》合傳且增入附傳人物為主角者，僅有〈酈陸朱劉叔孫傳〉一篇；併《史記》單傳、合傳且增入附傳人物為主角者，則有〈竇田灌韓傳〉一篇。共計涵蓋《漢書》合傳九篇、《史記》傳體十三篇，約占研究範圍比例的○．三七。

第三類為《漢書》析離《史記》合傳，改組並新增人物的合傳。其下細分為四：析《史記》合傳，改增他傳為合傳者，僅〈魏豹田儋韓信傳〉一篇；析《史記》合傳，改增他傳、附傳人物為主角者，僅〈韓彭英盧吳傳〉一篇；析《史記》合傳，改增附傳人物為主角者，僅〈公孫弘卜式兒寬傳〉；析《史記》合傳，改增附傳、新增人物為主角者，則有〈賈鄒枚路傳〉、〈嚴朱吾丘主父徐嚴終王賈傳〉二篇。共計涵蓋《漢書》合傳五篇、《史記》傳體十二篇，約占研究範圍比例的〇・二一。

經由分析此三類合傳，可發現就《漢書》承襲《史記》篇章所用的手法而言，會出現以下六種現象：

第一，與《史記》合傳重合者，顯示班固認同太史公的人物取材，然立傳意旨或有不同。與《史記》立意相同者，如〈張耳陳餘傳〉、〈衛青霍去病傳〉，分別承自《史記》〈張耳陳餘列傳〉、〈衛將軍驃騎列傳〉，各以「勢利之交」、「天幸」為眼，主旨無改，繫聯主述的焦點亦同；與之立意相異者，則如〈爰盎鼂錯傳〉、〈景十三王傳〉，分別承自《史記》〈袁盎鼂錯列傳〉、〈五宗世家〉，前者原以「刻深為能」為關鍵，貼合袁、鼂二人，且指責鼂錯「變古亂常」，《漢書》則肯定爰盎「慷慨陳義」的正面特質，更讚美鼂錯「為國遠慮」，於國有益，與太史公的觀點頗有出入，後者則原表「諸侯勢力漸衰」之狀，側寫出漢朝中央集權的逐漸成形，《漢書》改變篇題，且析明諸侯敗亡之因，皆因富貴權勢薰心，更特舉出河間獻王，表彰其出淤泥而不染的品行，亦與《史記》立篇之旨相異。

第二，合併《史記》單傳時，多取單一事件作為主述間的繫聯，略顯薄弱。如〈蕭何曹參傳〉，是合併《史記》〈蕭相國世家〉、〈曹相國世家〉而來，太史公因其人事跡甚多，分別以相國之才、能臣典範，立蕭何、曹參於世家，重視其個人特質，而班固取「蕭規曹隨」之義，以官職、政策的沿用，黏合二人，不另抒深意，則蕭、曹二人間的繫聯強度稍嫌不足。另，以〈張陳王周傳〉視之，該傳是合併《史記》〈留侯世家〉、〈陳丞相世家〉、〈絳侯世家〉，並提升附傳王陵為主述而來。姑不論王陵的提升之用，僅就張良、陳平、周勃三人而言，《史記》原以三人於漢有深遠影響，且事跡甚多，分別以「為韓報仇」、「奇計」、「樸直不文」為眼，立之世家，以為謀臣、智士、武將的典範，《漢書》則以「滅諸呂」一事為繫聯關鍵，貼合眾人，顯示班固重視此一事件，欲以該傳突顯事件的本身，然諸人個別特質遂隱而難見，略為可惜。

第三，合併《史記》合傳時，立意僅取其一，不新立。如〈張馮汲鄭傳〉，合併《史記》〈張釋之馮唐列傳〉、〈汲鄭列傳〉二合傳而來，太史公以「增主之明」合張、馮二人，而以武帝朝黃、老派的代表合汲、鄭二人，班固則以「有利於國」合四人為一傳，立意較近於〈張釋之馮唐列傳〉，然因此亦使人物組合兩分，張、馮繫聯較緊密，而汲、鄭略疏，整體主述人物關係，不若《史記》原傳的緊密。又如〈樊酈滕灌傅靳周傳〉，合《史記》〈樊酈滕灌列傳〉與〈傅靳蒯成列傳〉而成，太史公原以「遇時立功」合樊噲、酈商、夏侯嬰、灌嬰四人，而以「高祖從將」合傅寬、靳歙、周緤於一傳，班固則以「躬逢其時」貼合七人，立意較近於〈樊酈滕灌列傳〉，然其中傅、靳、周三人際遇較不能突顯主旨，與其餘四人並列，則略顯參差。

第四，合併《史記》單傳、合傳時，立意偏向所併的合傳，單傳原旨遂隱。如〈荊燕吳傳〉，合《史記》〈荊燕世家〉、〈吳王濞列傳〉而成，太史公以皆以皇親封王而能為藩輔，合荊王劉賈、燕王劉澤於一，肯定其對漢的貢獻，置於世家體，又以「吳、楚為亂」立吳王劉濞為單傳，班固則僅以「旁系宗親為王」合三人於一傳，其繫聯關鍵與〈荊燕世家〉相近，然班固未考慮三人作為、結局的不同，無隱深意於其中，則以人物組合而言，其間的繫聯並不緊密，且太史公立劉濞為單傳的原意，亦隱而不見。另以〈竇田灌韓傳〉視之，該傳是合併《史記》〈魏其武安侯列傳〉、〈韓長孺列傳〉，並提升前者附傳灌夫為主述而來。在此，先不論附傳灌夫提升為主述之用，專以竇嬰、田蚡、韓安國三人論之，則太史公原以「外戚」合竇、田二人，以「時變」為關鍵，寫其間傾軋糾葛，及狀其所代表的後宮勢力的消長，而以〈韓長孺列傳〉述一持重長者，並稱其字，以示親愛，班固則因韓安國曾於竇、田廷辯時發言，以「竇、田廷辯」收合竇、田、灌、韓四人，焦點傾向〈魏其武安侯列傳〉，而〈韓長孺列傳〉中，原欲表揚者遂失，顯示《史》、《漢》取捨的不同。

第五，提升附傳、附見為主述，多為述齊而已。《漢書》提升《史記》附傳為主述者，可分為提升本傳的附傳與提升他傳的附傳進入本傳兩類。其中，純以《史記》單傳或合傳提升附傳為主述者，如〈張周趙任申屠傳〉、〈淮南衡山濟北王傳〉、〈萬石衛直周張傳〉三篇，所提升的附傳皆源自本傳，人物取材、主旨皆與原傳相近，顯示提升之舉僅為述齊而已。附傳源出於他傳，提升後貼合者，僅〈李廣蘇建傳〉一傳，班固增太史公所不及見，是欲表新意，故不在此列。

又，合併《史記》篇章，並提升附傳為主述者，有〈張陳王周傳〉、〈酈陸朱劉叔孫傳〉、〈竇田灌韓傳〉三篇，所提升的附傳皆由歸併篇章中而來，與主述相關，然重組後，僅能以廣義繫聯眾人，關係的緊密度較不如《史記》原傳。如〈酈陸朱劉叔孫傳〉，原合併《史記》〈酈生陸賈列傳〉、〈劉敬叔孫通列傳〉，且提升前者附傳朱建為主述而成，太史公原以「善為使者」合酈、陸二人，並明其皆有「儒生」本質，而以「古今之變」繫聯劉、叔孫二人，贊揚其建國大策，皆促成古今制度交替，班固則合併二合傳，提升朱建為主述後，僅能以「騁其知辯」貼合五人，人物組合關係轉疏。又如〈竇田灌韓傳〉，班固以附傳灌夫為竇、田相爭的導火線，提升其為主述，而以「竇、田廷辯」收合四人，然灌夫於事件的相關性，遠不如竇、田二人間的牽扯緊密，韓安國則僅發言一次，於過程、結局，皆無影響，與其餘主述關聯性不高，故可知《漢書》合併、提升附傳為主述後，人物組合間的繫聯密度，不如《史記》原合傳緊密。

第六，析解《史記》合傳，重新與其他人物組合時，立意皆新，有強調忠、逆之異的傾向。如〈韓彭英盧吳傳〉，班固以「異姓封王」為媒，收韓信、彭越、英布、盧綰、吳芮於一傳，與《史記》原以「功高震主」單傳韓信、以「六國魏後」合魏豹、彭越、以「自救」單傳英布、以「通胡叛漢」合韓王信、盧綰等意旨相異，其中，又特別提升吳芮為主述，以之與前四者對比，突顯出忠信奉上與謀逆反叛的結局之異。用意雖深，然人物組合間存有內部參差，則不若《史記》原有組合的繫聯緊密。又如〈賈鄒枚路傳〉中，賈山為文帝時人，而《史記》無錄，鄒陽析離自〈魯仲連鄒陽列傳〉，枚乘則自該傳附見提升為主述，而路溫舒為昭帝、宣帝時人，為太史公所不及見。其中，賈、路二人為《漢書》新增的人物。太史公原以「不詘不橈」合魯仲連、鄒陽二人於一傳，且以枚乘為鄒陽常往來的友朋，而附見之，班固則以「諫言忠正」貼合賈、鄒、枚、路四人，立意新穎，且於鄒、枚之事，多所增補，列其文書，並強調「忠正」特質，突顯班固所重者即在於此。

由以上六種現象，可知以人物事跡取材而言，班固頗認同太史公所取，大多維持原本人物組合，加以整併，而於事跡方面，亦不多刪減，然多補文書奏疏，則顯示其特別注重此類文獻的留存；就合傳人物組合間，關係繫聯緊密與否而言，《史記》較密而《漢書》略疏，如《漢書》〈張馮汲鄭傳〉、〈樊酈滕灌傅靳周傳〉二篇，分別合併《史記》二合傳而成，班固立意僅取其一，遂使人物組合間，有所參差，關係不若原傳組合的密切；又如《漢書》〈淮南衡山濟北王傳〉、〈酈陸朱劉叔孫傳〉等篇，皆提升附傳為主述，然此附傳與原主述組合雖有牽連，卻不足以與之等列，同樣造成組合內部的參差現象，無法緊密相合，繫聯則較疏於《史記》。

細觀《史》、《漢》各合傳的立意，及其人物組合的繫聯關鍵，可發覺太史公與班固於合傳上，擇人入傳的準則不同：《史記》重內隱性情，如〈袁盎鼂錯列傳〉以「刻深為能」合袁、鼂二人、〈魯仲連鄒陽列傳〉以「不詘不橈」貼合魯、鄒二人、〈淮南衡山列傳〉以「至死不悟」合劉長、劉安、劉賜等，外顯條件雖疏，卻不易分斬截斷；反之，《漢書》常以外顯條件為主，如〈張周趙任申屠傳〉以「御史大夫」合張、周、趙、任、申屠五人、〈韓彭英盧吳傳〉以「異姓諸侯」合韓、彭、英、盧、吳五人，外顯雖為齊整，然本質常異，故時有內部參差現象。

另，以篇目命題而言，《史記》標題充分展現太史公命題的不拘繩尺，命題多方，如姓名具出、唯書姓氏、稱之以「生」、稱其統稱、稱其爵號、稱其封國、稱其時稱、稱其官職等，而《漢書》合併、重組後，多採姓名具出、唯書姓氏二法命篇，形式上較為整齊。

章學誠以為「遷書通變化，而班氏守繩墨」〔註1〕，認為《史記》於表現上，多有圓融通變之處，故呈現手法繁多，變化萬千，《漢書》則整齊名目，統一體例，以時次之，以類相從，條理分明，而透過本論文的分析，分別就《漢書》合併《史記》篇章，及提升附傳的手法，與《史》、《漢》擇人準則、立意、命題等部分觀之，可發現《史》、《漢》呈現太史公、班固的心裁時，確實出現此種傾向，故可知章氏品評二書，稱「《史記》圓而神、《漢書》方以智」，言簡意賅，實得箇中精髓。

〔註1〕見〔清〕章學誠撰，〔民國〕葉瑛校注：《文史通義校注／校讎通義校注·內篇·書教下》，臺北縣：頂淵文化事業有限公司，二〇〇二年九月初版。頁四九。

主要參考書目

一、專書（排列首依朝代，次依筆劃）

1.〔漢〕司馬遷著，〔明〕陳仁錫評：《史記》，全一百三十卷，共二十四冊，明崇禎元年刊本。現藏於國家圖書館善本書室。

2.〔漢〕司馬遷著，（日）瀧川龜太郎注：《史記會注考證》，高雄市：麗文文化事業股份有限公司，二〇〇〇年九月初版。

3.〔漢〕班固著，〔清〕王先謙注：《漢書補注》，全二冊，臺北市：藝文印書館，一九五五年六月初版。

4.〔漢〕許慎撰，〔清〕段玉裁注：《說文解字注》，高雄市：高雄復文圖書出版社，二〇〇〇年九月初版。

5.〔漢〕鄭玄注，〔唐〕孔穎達疏：《禮記正義》，收於〔清〕阮元校刻：《十三經注疏》全二冊，江蘇省揚州市：江蘇、廣陵古籍刻印社，一九九五年十月初版。

6.〔唐〕劉知幾撰，〔清〕浦起龍釋：《史通通釋》，全二冊，臺北市：臺灣中華書局，一九七〇年六月臺二版。

7.〔宋〕王應麟撰，〔清〕翁元圻注：《翁注困學紀聞》，全三冊，《讀學箚記叢刊》第二集，臺北市：世界書局，一九八四年四月三版。

8.〔宋〕林駉：《古今源流至論後集》，《景印文淵閣四庫全書．子部第九四二冊》，臺北市：臺灣商務印書館股份有限公司，一九八六年三月初版。

9.〔宋〕魏了翁：《鶴山先生大全文集》，全五冊，《四部叢刊》，臺北市：臺灣商務印書館股份有限公司，一九六五年初版。

10. 〔元〕王惲：《秋澗先生大全文集》，全四冊，《四部叢刊》，臺北市：臺灣商務印書館股份有限公司，一九六五年初版。
11. 〔明〕胡應麟：《少室山房筆叢》，全二冊，《讀學劄記叢刊》第二集，臺北市：世界書局，一九八二年再版。
12. 〔清〕王鳴盛著，黃曙輝點校：《十七史商榷》上海市：上海書店，二〇〇五年初版。
13. 〔清〕何焯著，崔高維點校：《義門讀書記》，全三冊，《學術筆記叢刊》，北京市：中華書局，二〇〇六年六月初版三刷。
14. 〔清〕吳見思：《史記論文》，臺北市：臺灣中華書局，一九八七年十月臺二版。
15. 〔清〕汪之昌：《青學齋集》，卷十四，北京市：中國書店出版社，一九九二年初版。
16. 〔清〕孫德謙：《太史公書義法》，臺北市：臺灣中華書局，一九八五年臺三版。
17. 〔清〕章學誠撰，〔民國〕葉瑛校注：《文史通義校注／校讎通義校注》，臺北縣：頂淵文化事業有限公司，二〇〇二年九月初版。
18. 〔清〕惲敬：《大雲山房全集》，《四庫備要．集部》，臺北市：臺灣中華書局，一九六六年三月臺一版。
19. 〔清〕趙翼：《二十二史劄記附補遺》，全五冊，《國學基本叢書》，臺北市：臺灣商務印書館股份有限公司，一九六八年臺一版。
20. 〔清〕趙翼：《陔餘叢考》，全四冊，臺北市：新文豐出版股份有限公司，一九七五年十一月初版。
21. 〔清〕蔣中和：《眉三子半農齋集》，《四庫全書存目叢書．集部二二四．別集類》，臺南縣：莊嚴文化事業有限公司，一九九七年六月初版。
22. 〔清〕盧文弨：《鍾山札記及其他二種》，《叢書集成簡編》一三八，臺北市：臺灣商務印書館股份有限公司，一九六五年十二月臺一版。
23. 王明通：《漢書導論》，臺北市：五南圖書出版有限公司，一九九一年六月初版。
24. 朴宰雨：《《史記》《漢書》比較研究》，北京市：中國文學出版社，一九九四年，初版。
25. 朱東潤：《史記考索（外二種）》，收於《二十世紀國學叢書》，上海市：華東師範大學出版社，一九九六年十二月初版。
26. 吳福助：《史記解題》，《掌故叢書》〇〇六冊，臺北市：河洛圖書出版社，一九七九年四月臺初版。
27. 吳福助：《史漢關係》，《文史哲學集成》一五八，臺北市：文史哲出版社，一九八七年二月新一版。
28. 李少雍：《司馬遷傳記文學論稿》，四川省：重慶出版社，一九八七年一月初版。
29. 李長之：《司馬遷之人格與風格》，臺北市：里仁書局，一九九九年四月增訂版。
30. 李景星著，韓兆琦、俞樟華校點：《四史評議》，《舊籍新刊》，湖南省長沙市：岳麓書社，一九八六年十一月初版。
31. 林珊湘：《《史記》「太史公曰」之義法研究》，《古典文獻研究輯刊》二編第十一冊，臺北縣：花木蘭文化出版社，二〇〇六年三月初版。
32. 徐朔方：《史漢論稿》，江蘇省：江蘇古籍出版社，一九八四年十一月初版。
33. 徐復觀：《兩漢思想史》，全三卷，臺北市：臺灣學生書局，一九七九年九月初版。
34. 高禎霙：《《史》《漢》論贊之研究》，《古典文獻研究輯刊》二編第十二冊，臺北縣：花木蘭文化出版社，二〇〇六年三月初版。
35. 張大可：《史記研究》，北京市：華文出版社，二〇〇二年一月初版。
36. 梁啟超：《中國歷史研究法五種》，臺北市：里仁書局，一九八二年初版。
37. 楊燕起、陳可青、賴長揚編：《歷代名家評史記》，北京市：北京師範大學出版社，一九八六年三月初版。
38. 蔡師信發：《話說史記》，臺北市：萬卷樓圖書有限公司，一九九五年初版。

二、博碩士論文

1. 金苑：《《史記》列傳義法研究》，國立政治大學中國文學所博士論文，呂凱、李威熊教授指導，一九八九年六月出版。
2. 林雅真：《《史記》體例及章法結構之研究》，國立政治大學中等學校教師在職進修班碩士論文，王文顏教授指導，二〇〇八年出版。

3. 金利湜：《《史記》及其傳記文學之研究》，國立臺灣師範大學國文研究所碩士論文，賴明德教授指導，二〇〇五年一月出版。
4. 劉昶亨：《由《史記》列傳論太史公之創建》，私立銘傳大學應用中國文學系碩士班碩士論文，蔡信發教授指導，二〇〇五年六月出版。
5. 吳峰宗：《《史記》列傳研究》，私立中國文化大學中國文學研究所碩士在職專班碩士論文，羅敬之教授指導，二〇〇三年一月出版。
6. 郭瓊瑜：《《史記》的褒貶義法》，私立中國文化大學中國文學研究所碩士論文，羅敬之教授指導，一九九五年六月出版。
7. 陳靜：《《漢書》論贊研究》，國立政治大學中國文學研究所碩士論文，李威熊教授指導，一九八〇年六月出版。

三、期刊論文

（一）臺灣地區

1. 王宏志：〈論合傳與類傳〉，《國史館館刊》復刊第二期，一九八七年六月發行，頁三七～四八。
2. 朴宰雨：〈《史》《漢》異同研究史略〉，《中國文化月刊》第一五〇期，一九九二年四月發行。頁三二～四八。
3. 李偉泰：〈《漢書》對《史記》的補正——以賈誼、鼂錯、公孫弘、董仲舒的事蹟為例〉，《臺大中文學報》，一九九二年第五期，六月發行，頁一六〇～一八七。
4. 洪淑苓：〈論《史記》的兩篇合傳——〈魏其武安侯列傳〉與〈衛將軍驃騎列傳〉〉，《國立編譯館館刊》第二十一卷第一期，一九九二年六月發行，頁五七～七四。
5. 孫永忠：〈析辨全祖望評《史記》魏其武安合傳不當說〉，《輔仁國文學報》第十五期，一九九九年五月發行，頁一六三～一七八。
6. 蔡師信發：〈《史記》、《漢書》合傳之平議〉，《第四屆漢代文學與思想學術研討會論文集》，二〇〇二年五月十一、十二日，頁六九～八二。

（二）大陸地區

1. 章益國〈《文史通義》「圓神方智」說發微〉，《歷史教學問題》，二〇〇六年第六期，頁六三～六六、頁八六。
2. 馮家鴻〈論司馬遷和班固之孰優——《史記》、《漢書》同篇目比照評述〉，

《金陵職業大學學報》第十五卷第四期，二〇〇〇年十二月發行，頁二六～三二、頁四六。

3. 閻崇東〈就《史記》與《漢書》同一段歷史記載之分析比較〉,《內蒙古師大學報》(漢文哲學社會科學版) 第五十二期，一九八七年六月第二期，頁九五～一〇二。